ダブルワークからはじめる

HOW TO START UP
A CAFE/COFFEE SHOP
WHILE KEEPING
YOUR JOB

カフェ・コーヒーショップのつくり方

市川ヒロトモ
HIROTOMO ICHIKAWA

ぱる出版

はじめに

この本でお伝えするのは、「コーヒーで稼ぐ」方法です。

「好きなこと」で「自分なりのスタイルで稼ぐ方法論」と言ってもいいかもしれません。

・コーヒーが好きで、いつか自分のカフェやコーヒー店を開業したい
・店舗を持たないまでも、大好きなコーヒーを仕事にしたい
・自分だけのコミュニティスペースを持ちたい

そんな方々に捧げる本です。

しかし、「コーヒーで稼ぐ」と聞くと、多くの人はハードルが高く感じるかもしれません。


「コーヒーの焙煎や抽出って、職人技なのでは？」

「どこかのお店で修行が必要なのでは？」

「お店を持つことは、リスクが高いのでは？」

「素人が手を出せるほど、甘くないのでは？」

このような不安を感じる方は多いかと思います。
ですが**これらの不安は、ほとんど幻想です。**

今はコーヒーで稼ぐ選択肢も増えました。

自分が取れるリスクに応じて、自分に合った手段を選べる時代になっています。

カフェやコーヒーショップなどリアルのお店を開業することだけが、コーヒーで稼ぐ方法ではありません。

- ネットショップ
- 間借りカフェ
- 週末マーケットへの出店
- コーヒーのワークショップ
- SNSやブログ等での情報発信

なかには、金銭的なリスクをほとんど負わずに挑戦できるものもあります。

さらに言うと、誰もがインターネット上に公開されたレシピで同じように焙煎したり、抽出したりできる時代にもなりました。コーヒーのマシン類も進化しており、初心者でもびっくりするくらい美味しいコーヒーを提供することが可能になっています。

修行なんて不要。技術的なハードルは、もはや無くなりました。

コーヒーは、あなたが思っているよりもずっと簡単で、自由で、いろいろな可能性を秘めています。

そして、**コーヒーで稼ぐことのハードルは、実はそれほど高くはありません。**

この本では、まず副業・ダブルワークから始めて自分の商売を成立させるための力、特に売上をつくるための力を身につけるためのノウハウを提供します。

まずは副業・ダブルワークで軌道に乗せてから、リアルの店舗を成功させる道筋を見つけるもよし。そのまま副業として稼いでいくもよし、です。

後半では、自家焙煎のコーヒー店を開業する超実践的なやり方や、コーヒーの豆売りの商売を行ううえで本当に重要で、本質的なことをお伝えしていきます。

「コーヒーを商売にするのは難しい」という幻想を解き、経営の本質を認識しうたえで、必要な準備をする――。そうすれば、誰でもコーヒーで食べていけるくらいのお金を手にすることができる。私はそう思います。

さまざまな働き方やライフスタイルが認められるようになった時代。自分が良いと思う商品やサービスを提供し、それに共感してくれるお客様とつながることは、誰でも可能です。そして、そんな幸せな商売をする人が増える未来を、私は見てみたいです。

少なくとも、コーヒーの分野でそれを実現するための方法を、私は多少なりとも手に入れました。そして、この本の限りある紙面の中に、できるかぎり多くの情報を詰め込みました。

本書を通じて、コーヒーを愛し、仕事にすることを願う皆さんの第一歩を後押しできたら嬉しいです。

2023年2月

市川ヒロトモ

目次

第3章 自分スタイルのマーケティング力と情報発信力を身につける 45

目次

目次

第1章

開業に必要なスキルと知識の身につけ方

コーヒーのマニアックな知識や経験、修行は不要

▼お客様の99%はライト層

コーヒーショップやカフェを開業したいと思っても、次のような不安を覚える方が多いのではないでしょうか。

「コーヒーに詳しくないと難しいのでは?」
「焙煎って長期間の修行が必要なのでは?」

また、このように考える方もいるでしょう。

「カフェスクールに通った方がいいのでは?」
「コーヒーでは食べていけるだけの収入は得られないのでは?」
「どこかのお店での勤務経験が必要では?」
「おいしいコーヒーを淹れる技術がないとお客さんが来ないのでは?」

これらは全て勘違いです。

最初からコーヒーに詳しくなければダメということはありません。開業してから少しずつ、知識や技術を身につけていけばＯＫです。

なぜなら、**お客様の99%はライトな客層**です。コーヒーは好きだけど、詳しくない。そんな人たちばかりです。接客をする際に、コーヒーのオタク的知識は必要ありません。**自分なりの言葉で、味を説明することができればＯＫ**です。

また、マシンの性能が上がり、だれでも美味しいコーヒーを焙煎したり、抽出することがで

コーヒー店開業のありがちな勘違い

カフェスクールに
通わなければ……
コーヒー店で
修行しなければ……
バリスタの技術が
必要では……
焙煎って職人技で
難しいのでは……

きるようになったことで、コーヒーの抽出や焙煎の技術的なハードルも無くなりました。細かい技術的な情報もYouTubeやブログなどで十分学ぶことができます。

▼専門学校は「コスパ」が悪い

カフェの専門学校に通ったり、資格を取得したりすることによってコーヒーの勉強をしようと考える方も多いかと思います。

確かに有効な手段ではありますが、今はインターネットでいくらでも知識を手に入れることができます。スクールでなければ学ぶことのできないことなんて、もはやありません。また、コーヒーの資格を取得したからといって、その資格が商売上有利に働くわけではありません。

今の時代、インターネットで素早く必要な情

カフェスクールで勉強できること

- 調理
- 製菓
- 食材学
- 衛生管理
- 店舗コンセプト立案
- メニュー企画・考案
- コーヒーやカフェの歴史
- 各種ドリンク作成
- コーヒー抽出
- コーヒー焙煎
- SNSの使い方
- 写真撮影

↓

全てネットや本で独学できる。個人で実践して練習もできる。

報を集め、あとは自分なりに実践して経験を積んでいくスタイルの方が、圧倒的にコスパがよく、また結果も出しやすいです。

▼焙煎は思っているほど難しくない

一見難しそうなイメージがある焙煎も、不安になる気持ちは分かりますが、独学で十分です。今は昔とは異なり、焙煎のノウハウはインターネット上に詳しく公開されています。少し調べれば、素人でも世界チャンピオンと同じレシピで焙煎をすることも可能です。

焙煎は本やYouTubeなどで、スクールで習う以上のことを十分に学べます。私のYouTubeチャンネルやブログでも解説しています。

そもそも、**実は焙煎は難しくありません。**美味しく豆を焼くくらい、誰でもすぐにできるよ

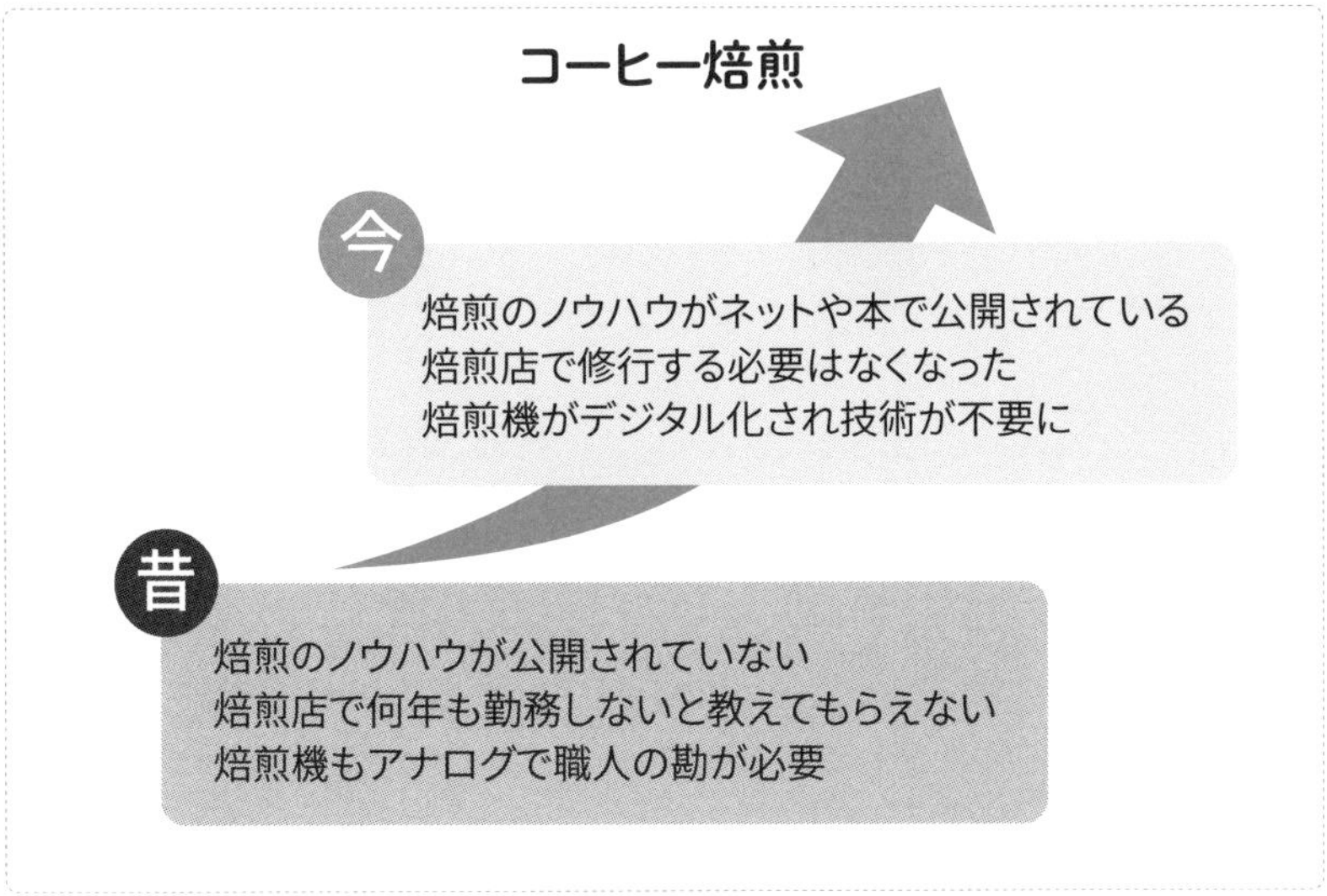
コーヒー焙煎
今
焙煎のノウハウがネットや本で公開されている
焙煎店で修行する必要はなくなった
焙煎機がデジタル化され技術が不要に
昔
焙煎のノウハウが公開されていない
焙煎店で何年も勤務しないと教えてもらえない
焙煎機もアナログで職人の勘が必要

うになります。

最近の焙煎機は性能も上がっており、デジタル化・自動化も進んでおります。もはや、職人としての焙煎士は、過去の遺物となりつつあります。

▼焙煎は奥が深いのは事実だけれど……

確かに焙煎は奥深いものですが、長い時間をかけて追求するのは、開業後でＯＫ。

最初は80点を取れる焙煎ができれば十分です。80点の焙煎でも、お客様の満足度が高いものを提供することはできます。また、そのレベルであれば２～３日練習すれば到達できます。

「それでも不安」だ、という方は、各地の焙煎店で開催されている焙煎教室に参加してみるのもいいでしょう。

コーヒーショップ成功のカギは「マーケティング」にあり

▼いい豆を選ぶのは素人でもできる

実は、**美味しいコーヒーを提供するにあたって、重要なものは「豆選び」**です。

品質の良い豆を選べば、雑に焙煎して雑に抽出しても、美味しいです。逆に、品質の悪い豆は、上手に焙煎して丁寧に抽出しても、美味しくなりません。

そして、良質なコーヒー豆を選ぶくらいなら、誰でもできます。サンプルを焙煎して、味見をするだけです。カッピングの技術など要りません。**素人の感想で十分。それがお客様の感覚に一番近く、正解です。**

そのため、コーヒーの勉強や修行は、独学でほどほどにやれば大丈夫です。

▼マーケティングは「味」よりも重要

自分の商売やお店を成功させるために、一番重要な要素は「味」や「品質」ではありません。どのように集客して、どのように売るかという、言わば**「マーケティング」の要素の方が、影響する度合いとしては大きい**です。

そしてマーケティングは、「習うより慣れろ」です。自分で実践することでしか、スキルが身につきません。

▼繁盛している同業他店のやり方を盗む

一方で、繁盛しているコーヒー店のやり方をコピーすることは、とても有効です。

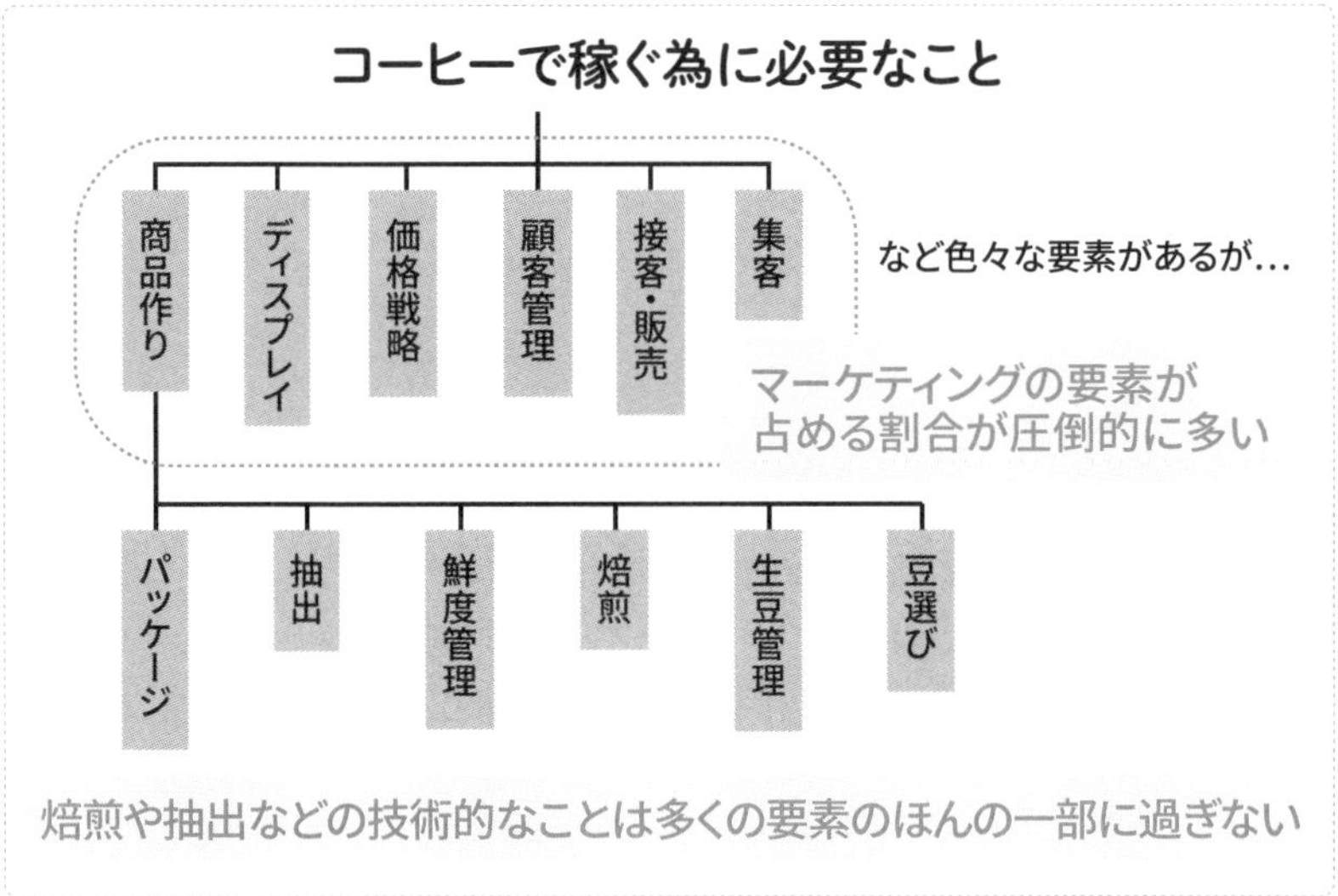

そして、コピーするなら徹底的にコピーした方がよいです。

・お店のコンセプト
・外観や内装の雰囲気
・看板の出し方
・照明
・メニューなどの商品ラインナップ
・商品ディスプレイ
・パッケージデザイン
・プライスカードの内容やデザイン
・価格帯
・厨房設備・マシン
・インテリア
・お客様の動線

細かい部分まで注目してみてください。

特に、主力商品の売り方・ディスプレイには注意を払ってください。

自家焙煎店は、コーヒーの豆売りが主力であることが多いので、当然そこは注目します。コーヒー豆の売り方は各店ごとに特色があり、それらを観察することはとても参考になります。

ディスプレイの大きさ、見本の展示の有無、プライスカードには何が書かれているか、接客方法、ポイントカードなどの仕組みまで、徹底的に観察すると良いでしょう。また、お店の外観や正面入り口の作りにも要注目です。

▼「繁盛店の引力」を分析しよう

繁盛店には、外から見ただけでそれとなく感じる「繁盛店感」があります。店の前を通る通行人の気を引き、足を止めさせて店に誘引する引力のようなものが存在します。

「業態の分かりやすさ」だったり、「美味しそうな雰囲気」だったり、「お店の可愛らしさやスタイリッシュさ」だったり。逆に「B級グルメっぽい親しみやすさ」だったり、引力の正体はお店によって様々。

色々な繁盛店を見て、それぞれの引力の要因を自分なりに分析しましょう。

このように、お店を軌道に乗せるための知識ややるべきことは、全て独学で学べます。

同業他店の観察をするポイント

看板は見やすく遠くからでも見えるか？
〇〇珈琲店
入り口や店内のライトは？
どのくらいの明るさなのか？
チラシやフライヤーなど販促物は？
置物や全体的な色合いなど、
コーヒー店らしい雰囲気を
出せているか？
お店の商品やメニューが
店の外からも分かるようになっているか？
看板には何が書かれているか？
ディスプレイは見やすく、
目を引くようになっているか？
商品ラインナップは
何種類くらいでどんな価格帯か？
メイン商材のディスプレイの大きさが
お店の総面積に占める割合は？
プライスカードには何が書かれているか？
どのようなフォントでどんな色使いか？

どのような客層でピークタイムは何時くらいか？　営業時間や定休日は？

「集客力」を身につける

▼知識や技術は本質ではない

コーヒーの知識や技術があまり重要ではないとしたら、コーヒー店の開業を成功させるのに本当に必要なものとは、一体何でしょうか？

売上をつくって商売を軌道に乗せるのに重要な要素は、「味」ではありません。むろん、「コーヒーの知識」でもありません。

さらに言うと、内装・外観をおしゃれにすることでも、テナント家賃を安く済ませることでも、メニューを充実させることでも、良い業務用のマシンを使うことでも、オリジナリティあるコンセプトを持つことでもありません。それらは、枝葉の部分です。

▼コーヒー店開業の秘訣

コーヒー店開業の成功の条件は、ただひとつ。

「黒字になるまでの売上がつくれるか？」

まあ、あたりまえのことですよね（笑）。

そして、売上づくりは、たった2つのポイントを押さえるだけでうまくいきます。

① 集客力を身につけること
② リピーターを獲得すること

たったこれだけです。

コーヒー店開業で失敗する人は、集客力が無く、リピーターも積み上げることができずに売上を低迷させてしまいます。

▼来店してもらわなければ話にならない

開業したらまずは、店の認知度を高め、お客様に来店してもらわなければ、話になりません。どんなに良いお店でも、来客がなければ存在しないも同然です。

毎月、安定して売上が伸びるくらいには、新規客を継続的に獲得する必要があります。それを実現できるだけの「集客力」があるかどうか？　まずは、ここが問われます。

そのためには、実店舗であれば、次の３つのポイントを通じて、お客様へ与える印象を最大化する必要があります。

①人通りの多い立地のテナントを選ぶ
②人目を引く外観にする
③分かりやすいメニューとディスプレイで特徴を打ち出す

また、ネットショップであれば、次の２つを継続的に行うことも有効です。

①情報発信
②フォロワーやファンの獲得

つまり、**「分かりやすいお店にして、できるだけ多くの人にリーチし、認知してもらう」**という方針を持ち、それを意志決定の基準としていくこと——。これが集客力を身につけるコツとなります。

集客力あるお店作り

駅からは離れてもよいし、
大通り沿いではなくてもよいが
人通りの多い通り沿いが望ましい。

コーヒー豆売り店なら1階路面店であることは必須。

何のお店か分かりやすい外観に。
看板も目立つように。
ディスプレイは店の外から見えるように。

地方であれば、車の交通量が多い道沿い。

「リピーター獲得力」を身につける

▼お値段以上の満足を提供できるか

安定した経営をするためには、リピーターの獲得がマストです。獲得した新規客をできるだけ高い確率でリピーターにできるか――。この点を重視して取り組む必要があります。

リピーター化させるためには、ひとことで言うと、**「お値段以上の満足」を提供する**ことができれば、お客様は高い確率でリピーターになってくれます。

「お値段程度の満足」でも、最悪は大丈夫。集客にしっかり取り組めば、売上は上がっていきます。

「お値段以下の満足」しか提供できないとなると、商売は先細りです。いくら頑張っても、売上が積み上がっていきません。下りのエスカレーターを逆走して登ろうとするようなものです。

▼顧客の満足度を上げる４つのポイント

「お値段程度の満足」「お値段以上の満足」を実現するためには、大きく４つのポイントがあります。

①　品質と値段のバランスをとる

お客様が感じ取れる美味しさや品質の高さ、これと値段のバランスを冷静に判断する必要があります。

② 専門店感を出す

メイン商品のラインナップを充実させたり、逆に他の商品点数を絞ったりして、「専門店感」を出すことはとても有効です。それだけでお客様が感じる価値が高まるからです。

③ パッケージの見栄えを良くする

これは分かりやすいですね。高級感 or 手作り感を出す手法はよく使われます。パッケージを少し頑張ると、お値段以上の価値を演出することができます。

④ 割引を上手く使う

ボリュームディスカウントなどは、お客様とwin-winな仕組みです。また、ポイントカードや会員割引などもよく使われる方法です。

▼ホスピタリティを忘れずに

満足感を高めリピーターを獲得するにあたって、重要なものを４つ解説しましたが、以上の４つに加えて忘れてはいけないのがホスピタリティですね。

何気ない会話や親切な対応、常連さんの名前と顔を覚える――。などは基本にして最低限必要なことでもありますし、同時に接客業の醍醐味でもあります。

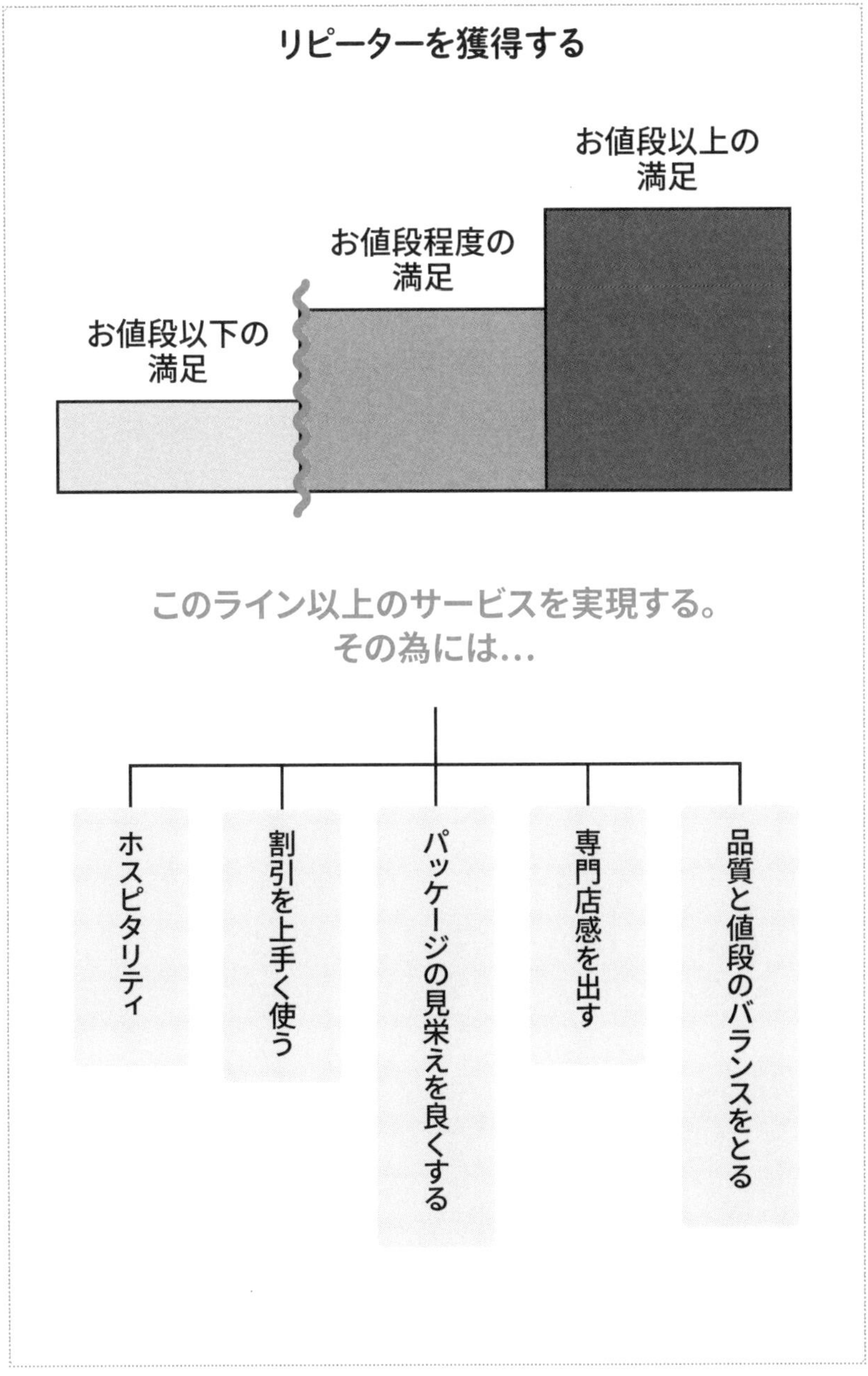
リピーターを獲得する
お値段以上の満足
お値段程度の満足
お値段以下の満足
このライン以上のサービスを実現する。
その為には…
ホスピタリティ
割引を上手く使う
パッケージの見栄えを良くする
専門店感を出す
品質と値段のバランスをとる

本当に必要なのは「コーヒー店としてのマーケティング」の勉強と実践

▼重視されがちなものよりも

コーヒー店開業に向けて「学ぶべきこと」は、勘違いされがちです。

「美味しいものを提供しないと」
「内装はおしゃれにしないと」
「家賃はできるだけ抑えないと」
「高性能の業務用マシンを使わないと」
「こだわったお店のコンセプトをつくらないと」

このような「普通は重視されがちなもの」は、実はコーヒー店の成功にあまり関係が無かったりします。

コーヒーの知識や経験、スキルは無くても問題ありません。しかし、**コーヒー店開業を失敗しないためには、「集客」「情報発信」「リピーターの獲得」といった、言わば「マーケティング」の勉強や実践はマスト**です。

▼コーヒー店を成功させる要素まとめ

コーヒー店を成功させるために本当に重要なことは、次の通りです。

- テナントの見極め
- 店の外観・看板
- 内装・店内レイアウト
- 商品ラインナップやディスプレイ

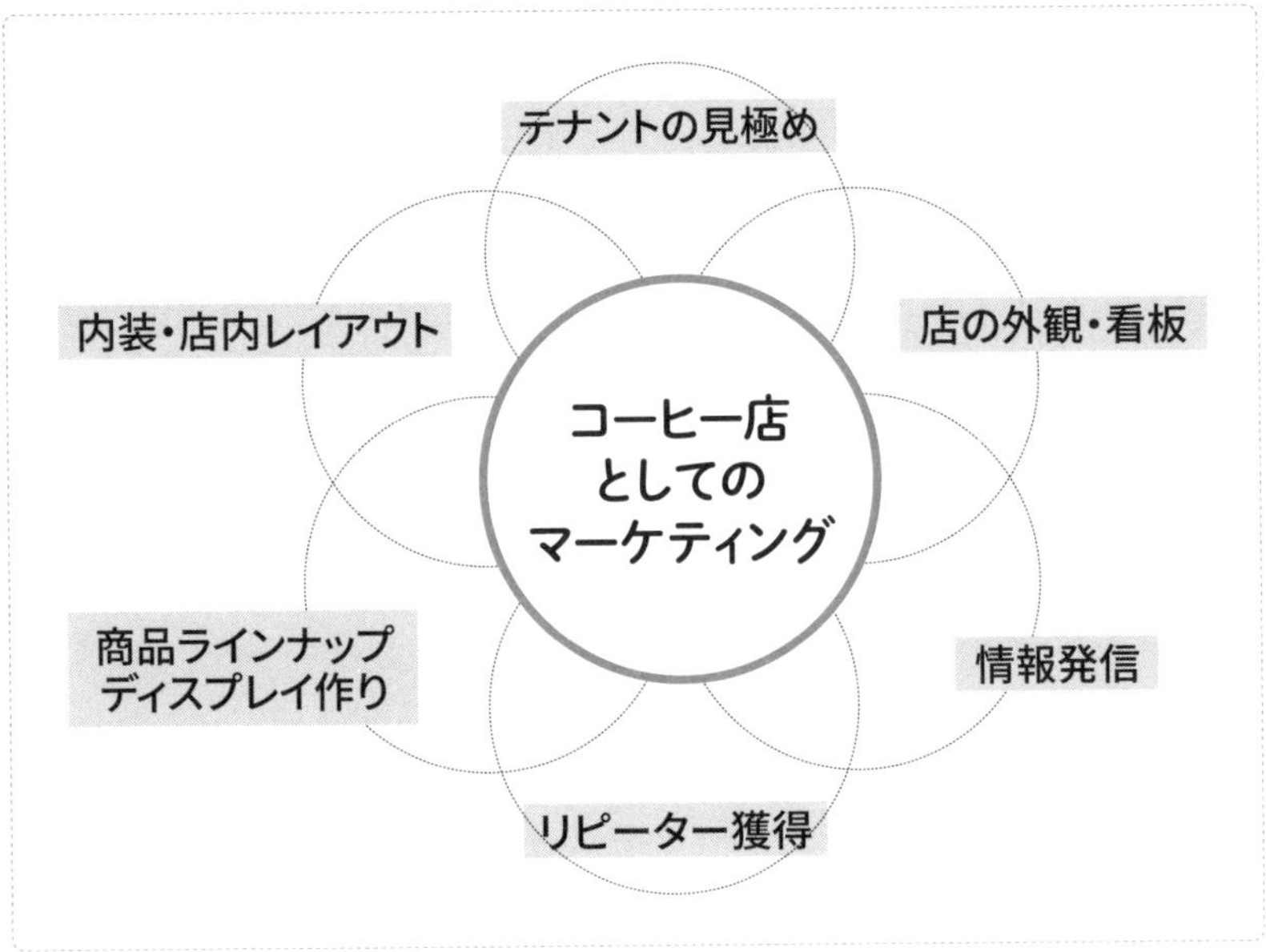

・（継続的な）情報発信
・リピーター獲得

これら「コーヒー店としてのマーケティング」を学び、体得する必要があります。

これらはどこかのお店で勤務したり、カフェのスクールなどで教えられるものでもありません。そのため、自分で学ぶ必要がありますが、しかし独学で十分可能です。

ただし、学ぶだけでは意味がないので、実践を通して**「使えるスキルとして身につける」までやり抜く**必要があります。

そして実践の場としては、「どこかのお店」や「どこかのカフェスクール」ではなくて、「副業」で個人で取り組むことをおすすめします。

コラム1

副業から一変した人生

私はコーヒー店の開業を志し、新卒から８年間勤めていた会社を退職し、コーヒー専門店でアルバイトをはじめました。そのコーヒー専門店では約５年間の勤務期間で、本店（１号店）、ネットショップ店、商業施設内店、新規出店、新業態店などの立ち上げを任され、本当に貴重な経験をさせてもらいました。

しかし、それほどの色々な経験を積んでも、自分の店を開業して成功させるイメージは持てませんでした。独立に必要なスキルも、自信も、得ることができなかったのです。

５年間修行したにも関わらず、独立は自分にとってリスクが大きく、開業がギャンブルのように感じました。サラリーマンの家庭に育ち、「独立は危険」「安定が一番」という親からの影響も大きかったと思います。私はリスクを取れませんでした。結局、以前勤めていた会社の上司の元で、社内の新規事業としてコーヒー店を立ち上げることになりました。

そんな慎重過ぎるほど慎重で、安定志向の強い私でしたが、**その後「副業」を開始したことによって人生が大きく変わることになりました。**私の体感では、「５年の修行より１年の副業」の方が、人生に与える影響は大きかったと思います。それだけ、「自分の商品をつくって０→１の売り上げをつくる」という挑戦は、自分を飛躍的に成長させてくれました。「個人で稼げる」「日々の作業の積み重ねが、明日の自分をもっと豊かにしてくれる」そのような体験が、何より自分のマインドを大きく変えてくれました。

副業を始める前は、年々、自分の可能性が狭まるのを感じていました。しかし今は時間とともに、逆に自分の可能性が拡がるのを感じています。時間が味方になり、未来が楽しみになりました。そして副業開始して３年、私は本業を卒業し、独立に漕ぎ着けることができました。

第2章

副業・ダブルワークでコーヒーを仕事にしよう

開業に必要な力は、自分自身で身につけよう

▼多くの人が開業に至らない3つの要因

コーヒー業界には、「将来自分のカフェやコーヒー店を持ちたい」という夢を描いている人がたくさんいます。私が運営しているお店のスタッフも、そのような思いを持っている人が多いです。

しかし、実際に自分のお店を持てるようになる人は、ほんのひと握り。私はこの業界に長くいて多くの人を見てきましたが、自分の店を実現できる人は、100人中5人もいないです。

なぜ、95％以上の人が、自分のお店を持つまでに至らないのでしょうか？

大きな要因は3つあります。

①開業のために「本当に必要なスキル」や経験が不足していること
②開業に必要な資金が貯められないこと
③開業に必要なマインドを持てないこと

一番の直接的な原因は、第1章で書いたとおり、「①開業のために『本当に必要なスキル』や経験が不足していること」です。

▼「カフェで修業」は遠回り

将来、自分のカフェを持ちたいから、「必要なスキルや経験を得るために、カフェやコーヒー

店で働く」という人は多いのですが、これが大きなミスマッチを生み出しています。

実は、カフェやコーヒー店で働いても、開業に「本当に必要なスキル」や経験は身につきにくいのです。

繰り返しますが、「本当に必要なスキル」は次の通りです。

・テナントの見極め
・店の外観・看板
・内装・店内レイアウト
・商品ラインナップやディスプレイ
・（継続的な）情報発信
・リピーター獲得

これら「コーヒー店としてのマーケティングスキル」を実践を通して学び、習得していく必要があります。

しかし、これらは通常、経営者側の仕事です。そのため、カフェでスタッフとして勤務しても、実践させてもらえる可能性は薄いです。

スタッフとして勤務して得られることは、「そのお店限定で使える、そのお店を運営するためのノウハウ」です。

確かにコーヒーの技術的なことも少しは学べるかもしれません。しかし、それだけでは自分のお店を持つために必要なことが、圧倒的に不足しています。

このようなことでは、開業に必要な自信もスキルも持てるはずがありません。

▼「不幸なミスマッチ」にはまるな

さらに、飲食業界は給料の安い業界です。一人暮らしの人にとっては開業資金を貯めることも難しいです。

結果として、「自分のお店を持つために、必要な経験を積みたくてコーヒー業界で勤務するスタッフ」と、「本当に重要な仕事はスタッフには任せずに、ノウハウを教える機会を持たないし、手厚いお給料も支払えない経営者」という、とても不幸なミスマッチが業界にできあがっています。

だから、開業に必要な力を得ることを勤務先に期待することはせず、自力で取り組む必要があります。

そこで、副業やダブルワークです。しかも、単純にどこかのカフェやコーヒー店でダブルワークするのではなく、自力で商品を作って、自力で集客して、自力で売上をつくる、という副業やダブルワークをやるべきです。自分のスモールビジネスを立ち上げるイメージです。

スキルも経験も無い状態で、いきなりリアルの店舗を立ち上げるのはギャンブル的な側面があり、リスクが高いです。しかし、実践無しには力が付きませんし、効果的な経験も積むことができません。

副業やダブルワークで自分のビジネスを小さく始めるのであれば、リスクがほぼ無い状態で、密度の濃い実践と経験を積むことができる、というわけです。

本当に重要なスキル

【本当に必要なのはマーケティングスキル】

①テナントの見極め
②店の外観・看板
③内装・店内レイアウト
④商品ラインナップやディスプレイ
⑤（継続的な）情報発信
⑥リピーター獲得

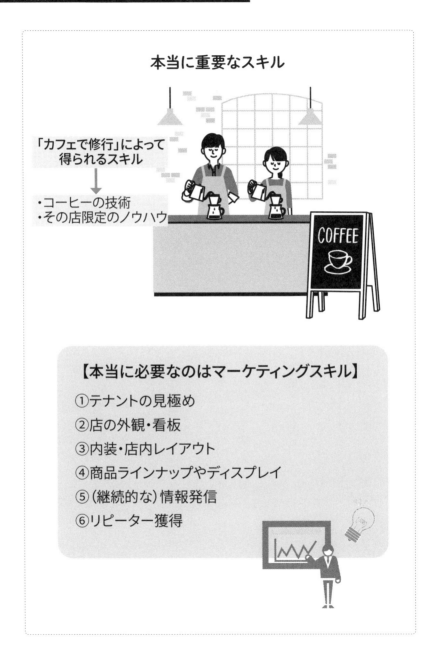

コーヒーの副業の手段

▼「コーヒーで副業」は難しくない

コーヒーは、副業として取り組みやすい商品です。マネタイズの手段がたくさんあり、とても手軽に始めることができます。

コーヒーの副業として、主なものは次の通りです。

・ネットショップ
・週末マーケット
・間借りカフェ
・セミナー、ワークショップ
・情報発信

ネットショップ

コーヒー豆の販売は、ネットショップと相性が良いです。BASEやSTORESというサービスを利用すれば、無料で簡単に自分のネットショップを持つことができます。また、メルカリなど集客力のあるアプリやプラットフォームを利用して販売する人も増えています。

週末マーケット

公園や歩行者天国などで開催される週末マーケット。食品販売できるマーケットも多く、コーヒー豆販売は定番です。競合が多いため、出店が制限される場合もあります。

間借りカフェ

昼間営業していないバーなど、そのお店が営業していない日時を借りて営業するスタイルです。お店側にとっても間借りカフェはありがたい存在で、最近急速に増えてきたスタイルです。

セミナー・ワークショップ

コーヒーの抽出セミナー、焙煎教室などを開催することもできます。セミナー情報の発信、参加者の募集、決済まで対応してくれるサイトもあります。

情報発信

どのような手段をとろうと、情報発信との組み合わせは鉄板です。SNS、ブログや動画配信など手段がたくさんあります。情報発信だけで稼ぐことも、場合によっては可能です。

自分の商品を売ることで集客の壁を乗り越える力をつける

▼未熟な自分と自分の商品を受け入れよう

副業やダブルワークで是非挑戦していただきたいことは、「自分の商品を作って売ること」です。それが一番力がつきますし、必要な成功体験を積むことができるからです。

一方で、業界について右も左も分からないという方は、次のような不安から行動に移すことができない人も多いかもしれません。

- 私みたいな素人がやってもいいの?
- 私よりもっとすごい人は星の数ほどいる……
- 修行して技術を磨かないと商品なんて作れない
- 間違ったことを発信してしまったらどうしよう

しかし、結論から言うとやるしかありません。

「自分の商品を作って販売すること」が先です。「勉強」や「修行」は後です。

商品のクオリティを高めるのは、後からでも十分間に合います。実際に自分の商品でビジネスを体感し、適宜、必要な知識スキルを身につけていけばいいです。

60％の完成度でスタートする。不完全な自分を受け入れる。トラブルやクレームは、きちんと対応して今後に活かす――。

このような覚悟を持たない限りは、永遠に先に進むことができません。準備が100％完璧になることは、ありえないからです。

▼集客力は実践で習得すべし

どのような手段であれ副業を始めると、必ずぶち当たるのが集客の壁です。

最初は友人や知り合いがお客様になってくれたりしますが、一巡すると落ち着き、新規客を集客しなければいけない現実と向き合うことになります。

商売の経験が不足している人は、ここで途方に暮れることになります。しかし、副業のうちにこの現実に直面しておくことで、対処の方法を安全に学ぶことができます。

ネットショップであれば、ＳＮＳやブログ、YouTubeなどでの情報発信が重要です。

週末マーケットでは、商品のディスプレイ作りが重要かもしれません。

間借りカフェであれば、お店の立地やお店の入り口や看板など、外から見た店の様子が重要です。

セミナーやワークショップをやるのであれば、これもＳＮＳやブログ、YouTubeなどでの情報発信が重要です。

情報発信自体で稼ごうとするならば、ＳＥＯ対策などＷＥＢマーケティング力が必須になってきます。

このように、**それぞれのマネタイズの手段には、それぞれ適した集客の手段があります。**そして集客は、試行錯誤を重ねていくうちに、徐々に身についていきます。急にすぐ身につくものではありません。まるで筋トレのように、その歩みはゆっくりですが、確実に力はつきます。

集客力の獲得には、**どうしてもある程度の期間が必要になりますので、まずは副業のうちに取り組むことをおすすめします。**

副業でいくら稼ぐべきか？

▼まずは月3～5万円を目指す

この本では、開業前に副業で稼ぐことをおすすめしています。

では、実際に副業でいくら稼ぐことができれば、リアルのコーヒー店の開業が現実的になるのでしょうか？

結論から言えば、**月3～5万円程度稼ぐことができた時点で、開業を考えていい**でしょう。

個人でお金を稼ごうとしたとき、最初の1万円までが一番大変ですし、時間がかかります。

1年で月1万円稼げるようになれば、上出来です。しかし、1万円稼げたのであれば、2年で5～10万円は比較的楽に、そして十分に到達可能です。

副業で稼いだお金を全て開業資金に回すとしたら、月3～5万円稼げた時点から1～2年程度で必要な自己資金額を貯めることができる可能性が高いです。しかも、**副業収入がある状態で開業できたら、運転資金に余裕が出ますので、かなりリスクが低減された状態で開業を迎えられます。**

そして副業で数万円程度稼げるということは、コーヒーで稼ぐマーケティング力も十分身についた証拠です。自信にもなり、開業に向けて踏み出す勇気も自然と湧いてきます。

このように、たった数万円でも副業で結果を出すことで、次のようなものを得ることができます。

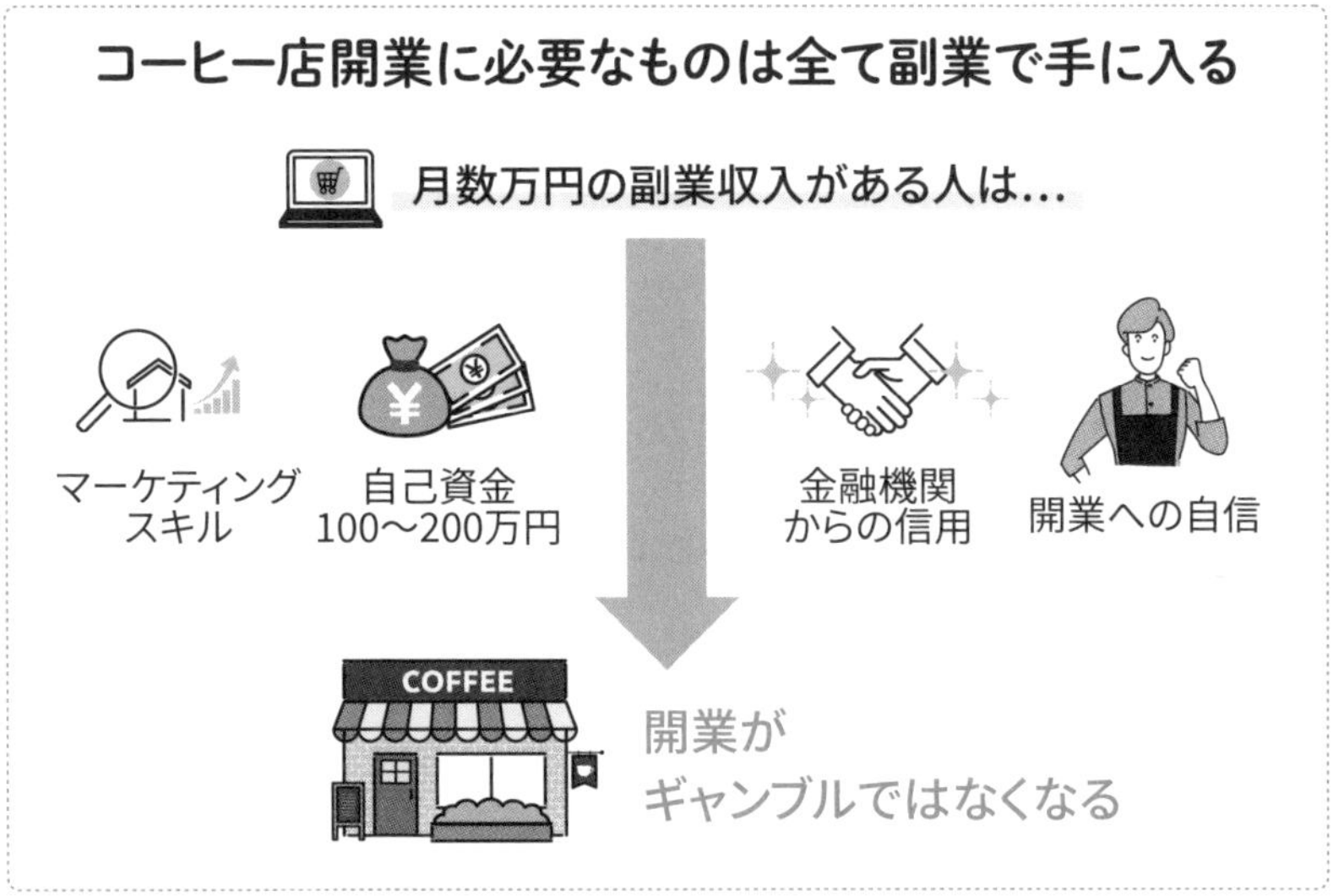

①開業に必要なスキルや経験
②開業資金
③開業に必要なマインド

ゼロから売り上げを作り出すということは、それだけ大変ですし、必要な学びが多いということです。たった数万円程度の副業収入といっても、決してバカにはできません。

また、このくらいの副収入は、副業のまま気楽にやっていきたい方にとっても、調度いい金額なのではないでしょうか？　それだけあれば毎月おいしいものが食べられますし、旅行にも行けます。生活の満足度が上がります。

なにより、**自分の好きなもので価値提供し、それで人とつながることができる。**このことは、人生の彩りをより豊かにしてくれます。取り組む価値は高いのではないでしょうか。

▼副業・ダブルワークで稼ぐスケジュール例

ＳＮＳ等での情報発信において、副業で３万円以上稼ぐための目標数字は以下の通りです。

・X（Twitter）……フォロワー数1000人
・Instagram……フォロワー数1000人
・YouTube……チャンネル登録者数1000人
・ブログ……月間1万PV

このくらいであれば、早い人で1年、遅い人でも2年程度で達成可能な目標かと思います。
具体的なスケジュールを考えてみましょう。

副業開始から3カ月

情報発信をしつつ、自分の商品を作って売り出します。必要な勉強も同時進行で。

副業開始から6カ月

なかなか結果が出ない時期。フォロワーやアクセス数がまだ伸びていなければ、何かを変える必要があります。

作業量か、やり方か、もしくはその両方か。苦しい時期ですが、焦らず、自分の発信内容や商品のクオリティ向上に努めましょう。

副業開始から1年

フォロワーも増加し、0→1の成果が出る頃。目標数字は、ＳＮＳフォロワー数５００以上。ブログであれば月間５０００ＰＶ以上。YouTubeであれば登録数５００人。

このくらいになれば1ヶ月あたり1万円の収益は狙えます。

副業開始から2年

１年目で１カ月あたり１万円を達成できれば、あとはそれを継続するだけですぐに３〜５万円程度にはなるでしょう。

ＳＮＳやブログの運営には根気が必要です。最初は思ったようにフォロワー数やＰＶ数が伸びずに悶々とすることがあるでしょう。しかし、投稿した内容や記事は、少しずつですが蓄積されていきます。

過去に投稿した内容のどれかひとつでも目にした人の琴線に触れれば、リツイートなどで共有され、口コミが広がっていきます。

一方で、質の低い投稿は却ってネガティブな印象を与えてしまうリスクがあるため、大変だとは思いますが、ある程度、投稿の品質は維持していくことが重要です。

副業を2年続けると、収支トントンからカフェを開業できる

▼1000時間やれば結果が出る

SNSやBASEなど、集客や販売のツールが充実している昨今、手軽に負担もリスクも無く、自分のビジネスを始められるようになりました。ただし、手軽に始めることはできますが、結果を出すまではそれなりに大変です。

売上のための集客は、取り組むべきことが無限にあって、**力をつけるのにどうしても時間が必要**です。

「1000時間の法則」をご存じでしょうか？物事に取り組み、結果を出せるレベルになるには、1000時間が必要と言われています。集客・マーケティングも、まさにこの法則が当てはまると思います。

- 1日1時間取り組むと、3年
- 1日2時間取り組むと、1年半
- 1日3時間取り組むと、1年

このくらいやって、はじめて月数万円という結果が得られるかと思います。

▼継続が実を結ぶ

私の場合は、副業でブログに取り組みました。開設当初は、アクセス数が稼げず、非常に苦しい思いをしました。しかし、諦めずに継続したところ、半年を過ぎた辺りからジワジワとアクセス数が伸び出し、2年目で月間数万のアク

セス数を稼ぐことができるようになりました。

結果が出ないなかで継続するのは、根気強さが求められます。「自分のやっていることは正しいのか」「誰も投稿を見ていないのでは」「時間を浪費しているのではないか」などという、不安に苛まれることもあるでしょう。

しかし、平日は１時間、休日は２時間、副業に取り組むことを、たった２年でよいので続けてみてください。必ず目に見える結果を出せるようになっていることでしょう。

副業で結果を出して、スキルも収入も自信も手に入れた自分を想像してみてください。リアルのお店を開業しようと思えば、すぐにでもできるでしょう。集客力がついた状態なので、テナント選びやお店作りの自由度も高まります。

また、開業をせずに、副業のまま仕事を継続するという道も選べます。副業がさらにうまくいけば、コーヒーの道だけで生きていくことも視野に入ります。しばらくの間、セミリタイヤを選ぶこともできるかもしれません。

個人で稼げるようになることは、人をとてもパワフルにします。**今までにない自由度で、これからの自分の人生を再設計することができるようになります。**

▼収支トントンからのカフェ開業が可能に

副業やダブルワークを３年程度継続すれば、月10万円以上稼ぐことも夢ではありません。すると、お客様も売上も獲得した状態で、お店を開業することができます。

また、そのくらいの収入があればテナントの家賃に充てることができますので、初月から収支トントン以上で、赤字にせずに経営することが可能になります。

さらに、売上をつくる力も身についた状態なので、開業してから集客の壁に悩まされる可能性も無くなるでしょう。

カフェ開業は、半年くらいの赤字を見越してスタートすることが一般的です。なぜなら、集客力も身についておらず、売上もお客様も無い状態でのスタートだからです。

脱サラして開業し、会社員時代に血のにじむような努力をして貯めた貯金を、1年を待たずしてゼロにしてしまう――というのはよくある話です。

集客のスキルやお客様を持たずに開業することはギャンブルに近いのです。しかし、副業・ダブルワークでワンクッションを挟むことで、大幅にリスクを低減して開業することができます。

また、副業・ダブルワークを通じて、「会社員のままでも十分に理想を実現できているから」という理由で、二足の草鞋を続けていくという選択もできます。

メンタル面にも余裕をもたらしますし、カフェ開業の成功確率も段違いに高まり、結果としてカフェ開業がギャンブルではなくなります。

開業を目指している方は、まずは副業・ダブルワークからはじめてみることをおすすめします。

第3章

自分スタイルのマーケティング力と情報発信力を身につける

10年続くお店が持つ2つの共通点

▼「安い固定費」と「ユニークさ」

世の中には「カフェ開業本」がたくさん販売されています。そして、その中には多くの個人店カフェの開業事例が掲載されています。

10年以上前に発売されたカフェ開業本の中に掲載されたお店を調べてみたことがあるのですが、その半分以上のお店が現在は無くなっていました。

そこで、今でも続いているお店を調べてみると、次の2つの特徴のうちどちらか、もしくは両方を持っていました。

①固定費が安いこと
②突き抜けたユニークさがあること

①固定費が安いこと

実家を改装するなどして、家賃の負担が無い、もしくは負担が軽いお店は生き残りやすいのは当たり前ですね。特に家賃負担は、都心に店舗を構える場合は最もネックになる部分です。都心でオシャレな物件を賃貸で借りて経営していた店舗は軒並み、閉店しているか、地方など家賃の安い場所に移転していました。

②突き抜けたユニークさがあること

自分のやりたいことをやっているカフェ、例えば趣味を全開にした異空間のようなカフェや、イベントやワークショップをやるようなコミュニティカフェなどが生き残っていました。

▼「独自性」がその店を選ぶ理由になる

注目すべきは、「②突き抜けたユニークさがあること」です。自分のやりたいことを追求することは、基本的に楽しいことで、ストレスなく継続しやすいと思います。

すると、**自分のやりたいことに共感してくれるお客様が集まってきますので、幸せな商売の形を築くことができます。**

マーケットを気にせずに、自分のやりたいことを追求する――そんなお店は万人受けせずに、少数の人には深く刺さされる店作りとなりがちです。しかしその一方で、その少数の人たちは高い確率でリピーターになってくれます。どんなに最初は人数が少なくても、リピーターを確実に増やしていくことで、経営は安定します。

▼必ずしもリアル店舗でなくてもよい

このような理由で、私たちは自分のやりたいことを追求しつつ、固定費を下げる工夫をした方がよさそうです。

さらに言えば、今の時代、商売の形の選択肢が拡がりました。**必ずしもリアルのお店を作る必要はありません。**ネットショップは無料で開設できますし、間借りカフェや週末マーケットなど、最低限の出店費用でお店を始めることもできます。場合によっては、ブログやYouTubeなどでの情報発信だけで稼ぐことも可能です。

固定費をかけず、自分のやりたいことを存分にやれる環境があります。**コーヒーを利用して自分らしいスタイルで稼ぐ**ことは、いますぐ、誰でも、リスクなく始めることができる環境は用意されています。

自分の商品とターゲティング

▼コーヒー店のマーケティング3要素

コーヒーで稼ぐためには、まずは自分に合った方法を考える必要があります。そのために考えるべきことは、次の３点です。

①自分の商品とターゲティング
②マネタイズの手段
③自分に合ったマーケティング手法の理解と実践

コーヒーの豆売りを主力とするのか、それともドリンクのコーヒーを主力にするのか？　店内飲食を主力とするのか、それともテイクアウトに注力するのか？

方向性としても、マスを追って万人受けを目指す方向、自分が好きなものを深く追求するニッチな方向など色々とあります。

チェーン店化、多店舗展開を狙う人は、ある程度マスを追う必要があるでしょう。逆に個人として自分のペースで続けたい人は、好きなことを追求する方法がよいかもしれません。**大事なのは、自分に合った商品やその方向性を理解し、実践すること**です。

特に個人でやりたい方は、自分の好きなこと・得意なことで、世の中のニーズがあること――。これらが重なる部分が、効果が出やすくおすすめです。

つまり、自分と似たような属性の人をターゲットとして、そのような人たちが反応するような

自分の商品とターゲティング

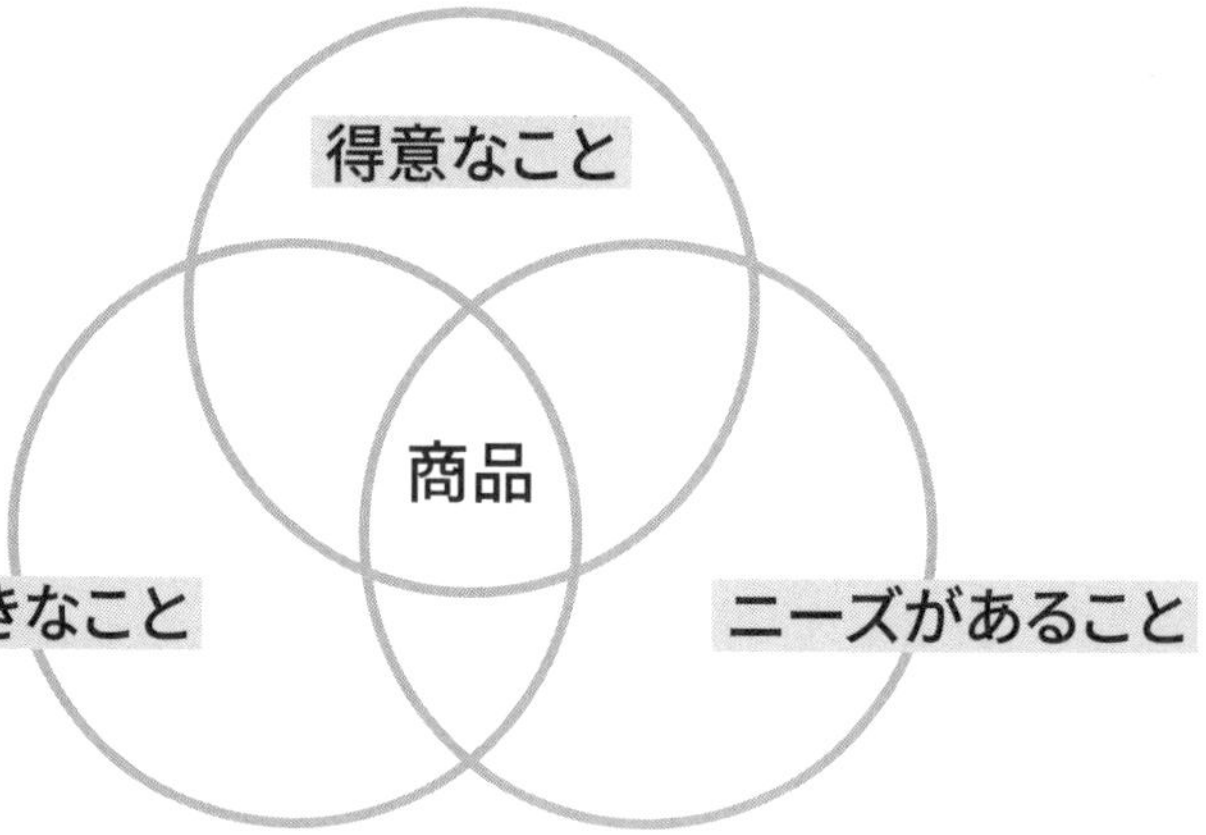

商品やサービスを作っていきます。

▼自分の好きを追求した方がよい

自分の好きなものを深く追求すると、それに共感してくれる特定のお客様に深く刺さり、ファンとなってくれる確率が高まります。

例えば、深煎りのコーヒーが好きな人であれば、「深煎りのコーヒー豆」に特化したブランドを追求してもよいかもしれません。エチオピアのコーヒーが好きなのであれば、エチオピアに特化することもアリです。

自分の好きや得意を活かすからこそ、商品のクオリティが高くなりますし、他者との差別化にもなります。

マネタイズの手段

▼マネタイズの手段は多種多様

インターネットでの情報発信が当たり前になった現在、コーヒーを利用したマネタイズの手段は多岐に渡ります。

・コーヒー店の開業
・ネットショップ
・週末マーケット
・間借りカフェ
・セミナー、ワークショップ
・情報発信

様々な手段のなかから、自分に合ったものを選ぶ必要があります。それには、自分が目指すところから、逆算して考えることが有効です。

・副業としてゆるく経営していくのか？
・自宅で気楽にネットショップを運営したいのか？
・週末マーケットや間借りカフェなどで、実際にお客様と触れ合いたいのか？
・店舗経営のコーヒー店の開業を目指すのか？
・自分がマスターとして店に立つのか？
・従業員に店は任せて、他店舗展開を狙うのか？
・SNSやブログなど情報発信でも稼ぎたいか？

どのような手段をとるにせよ、まずは自分の商品を作り、実際に販売してみることが重要です。

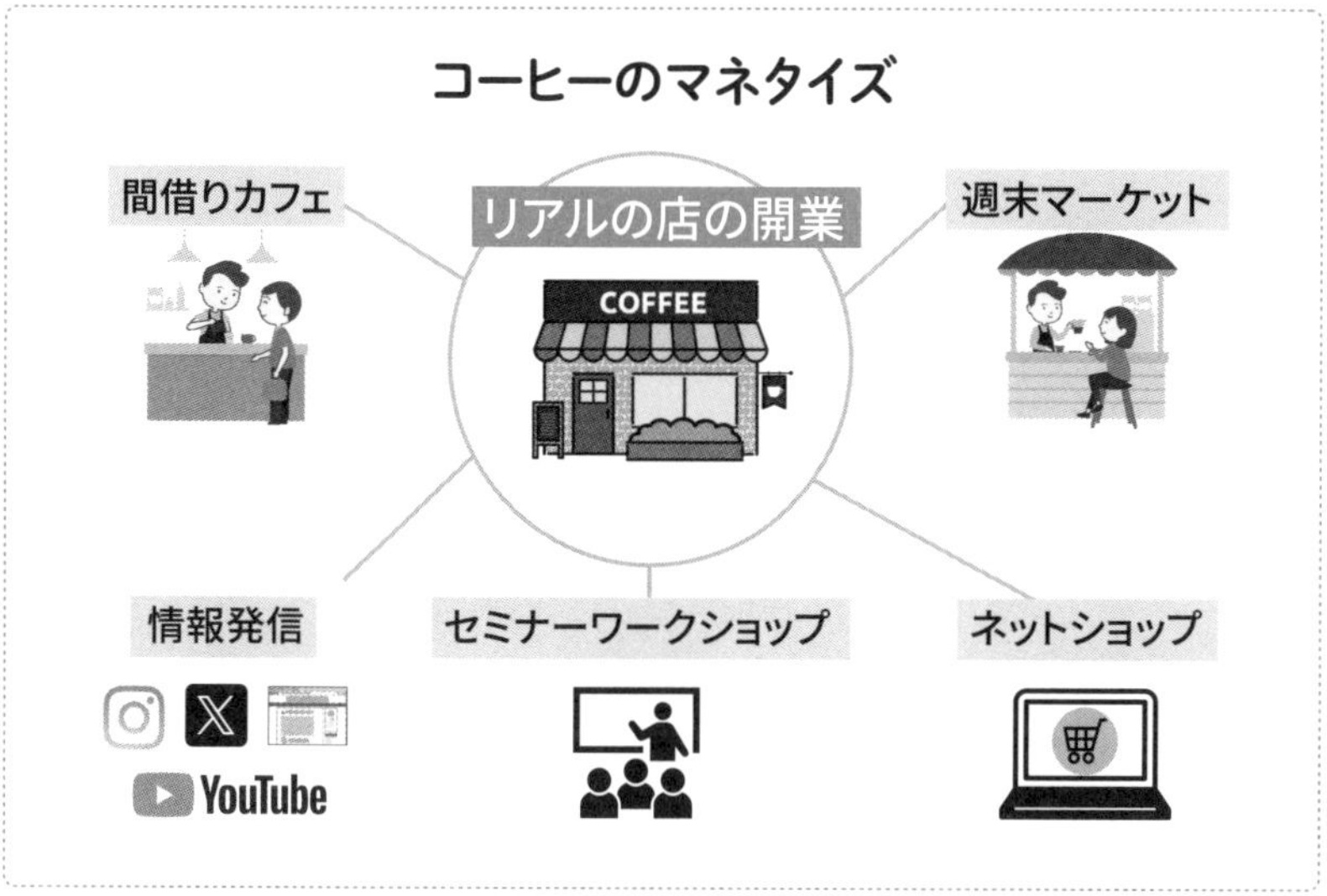

どうやったら自分の商品を必要としてくれる人とつながり、どうやってアピールしたら売れるのか――。この商売で最も大事な部分を、リアルに鍛えることができて力が身につくからです。

おすすめは、ネットショップ・週末マーケットなどで、**固定費がかからないものから始めてしまう**ことです。

当然、集客という壁が立ちはだかりますので、SNSなどで情報発信を行なってマーケティングにも取り組み、力をつける。

最終的にリアルのコーヒー店開業を目指す人でも、このステップを通っておくと、集客力が身につきますので安心かと思います。

自分に合うマーケティング手法の理解と実践

▼マーケティングは実践で身につける

マーケティングを身につけることは、自転車に乗れるようになることと一緒です。「乗り方を知識として知っていること」と、「実際に乗りこなせること」には大きな隔たりがあります。

今は無料で簡単にネットショップが開設できる時代です。**インターネット上であれば、お店を開業する前に、ノーリスクで開業できます。これを利用しない手はありません。**

▼ECサイトから気軽にはじめてみる

BASEやSTORESといったネットショップ開設サービスを利用すれば、たった30分程度で自分のネットショップを開設することができます。しかも無料です。

他にも、メルカリも利用することもできますし、もっと本格的にやりたい人であればAmazonや楽天などでの出品に取り組んでみてもいいでしょう。販売のプラットフォームは色々あります。

▼開業のハードルは高くない

原材料となるコーヒーの生豆やパッケージ類なども、インターネット上で購入することができます。焙煎も、手回し焙煎器などの簡単な道具で大丈夫。自宅で焙煎し、販売しましょう。

役所への届出も簡単です。保健所に「コーヒー製造・加工業の届け」を提出するだけ。保健所に行けば申請用紙がありますし、書き方も教えてくれます。提出だけで済むので簡単です。

そのときに「食品衛生責任者」の資格が必要になります。ただしこの資格は、１日の講座受講で簡単に取得できます。リアル店舗の開業時にも必要になりますので、取得しておいて損はありません。

情報発信の内容で軸となること

▼SNSは収益に直結する

情報発信の目的はもちろん、「自分や自分の商品に価値を感じ、興味をもってくれるような（購買につながるような）フォロワーを獲得すること」です。

X（Twitter）やInstagramを利用すると、フォロワー数1000人を超えるくらいになると、安定的に商品が売れるようになってくると思います。

ただし最初は誰もが苦戦します。普通は知らない人をフォローしたいとは思いませんし、ましてやその人からモノを買おうとも思いません。

アカウント開設当初は、投稿しても誰も反応してくれない、というような状況がしばらく続くかもしれません。

そこで、**情報の受け手が魅力的に思うような情報を発信し続け、信用という貯金をコツコツ貯めていくことが必要**となります。

それを継続することによって、あるときコップから水が溢れるように、フォロワー数が増えたり、自分の商品が売れるようになったりします。

しかし、そうなるためには、ある程度の投稿数や期間がどうしても必要です。そのために、重要なことは「継続すること」。自分に合ったかたちで無理なく続け、習慣化してしまうことが一番よいでしょう。

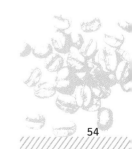

▼有益な情報を発信すること

発信の内容でひとつ大事なことを挙げるとすれば、**自分が発信したいことを発信するのではなく、「自分の商品を買ってくれる層を惹きつける有益な情報を継続的に発信すること」**です。

「有益な情報」とは何でしょうか？　情報発信は、コーヒー豆の販売や、将来的には自店舗の集客につなげることを目的としているため、コーヒーに興味がある人にとっての「魅力的な情報」を考える必要があります。

例えば次の通りです。

・日々のコーヒーとの触れ合い
・コーヒーの楽しみ方
・おすすめコーヒー豆の情報
・美味しいコーヒーの淹れ方ノウハウ

▼挑戦の過程を発信する

おすすめな発信コンテンツがひとつあります。それは「**自分が挑戦し、成長する過程を発信すること**」です。

コーヒーに詳しくないなら、今から勉強していけばよいです。勉強したことをそのまま発信内容にできます。

コーヒー豆の販売に挑戦していること、そのうえでの失敗談や成功体験など、それもそのまま発信します。**人の挑戦や成長する姿は、人を惹き付けます。**魅力的なコンテンツになり、応援してくれる人が必ず現れます。

▼継続することが重要

そしてさらに言うと、最重要なのは発信を継続することです。

発信を継続することによって、インターネット上の信用や影響力を獲得していきます。それらは、あたかも貯金のようなものです。

魅力的な情報を発信することによって、インターネット上に「信用や影響力」を積み重ね、自分の商品を販売するときにそれらを「換金する」というようなイメージです。

ここで情報発信に取り組んでおくことは、将来リアルのお店を開業したときにも大きなプラスのインパクトがあります。お店の認知度を高めるための、情報発信のやり方やノウハウが蓄積できるからです。

また、**獲得したフォロワーさんは、そのままお店のお客様になり、開店当初の貴重な売上につながります。**

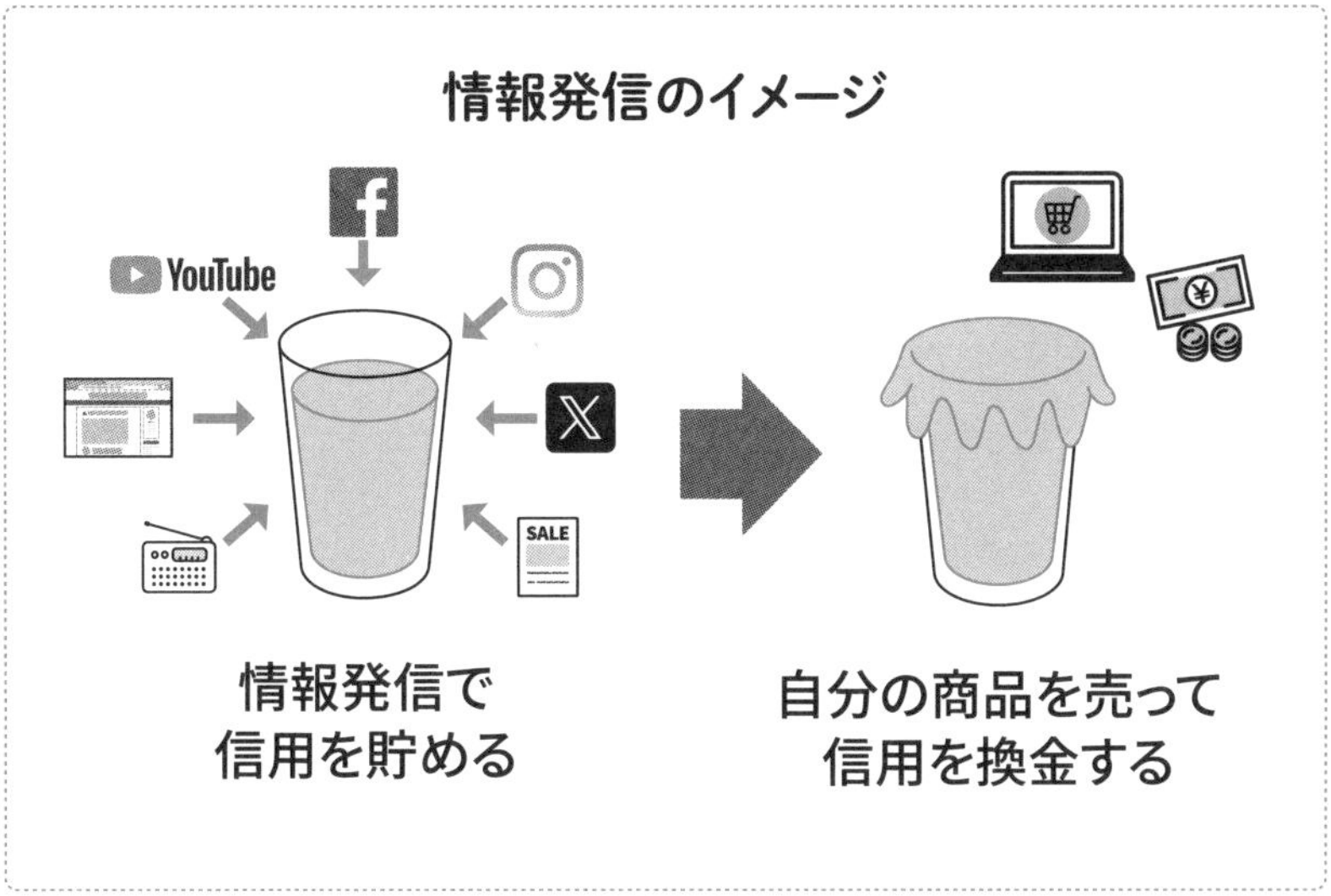
情報発信のイメージ
YouTube
SALE
情報発信で
信用を貯める
自分の商品を売って
信用を換金する

スキルや知識が不足し、有益な情報を発信できる素地がない方は、受け手が共感し、応援したくなるような投稿を心掛けることが重要です。

大切なのは数ではなく質

▼フォロワーの数は重要ではない

X（Twitter）上でよく行われていることで、「相互フォロー企画」というものがあります。その企画に参加した人たちが相互にフォローし合うことで、短期間で多くのフォロワーを獲得する、というものです。一度参加しただけで、数百人のフォロワーを獲得することもできたりします。

しかし、このような方法でフォロワー数を水増ししたところで、売上にはつながりません。自分の商品に興味の無いフォロワーを増やしたところで意味が無いどころか、むしろマイナスだったりします。

少し難しい話になりますが、投稿に「いいね」などの反応があることを「エンゲージメント」と言います。フォロワー数が多いのにも関わらず、この「エンゲージメント数」が少ないと、そのSNSのアルゴリズム（投稿やアカウントの優先度を決める仕組み）から「質の低いアカウント」と判定される恐れがあります。

すると、タイムラインに表示される優先度を下げられるなど、何らかの悪影響が発生する可能性があります。

そして、相互フォローでつながった人たちは、このエンゲージメント率をどうしても下げる傾向があります。

アカウント開設当初は良いかもしれませんが、数百人のフォロワーを獲得したら、それ以降は

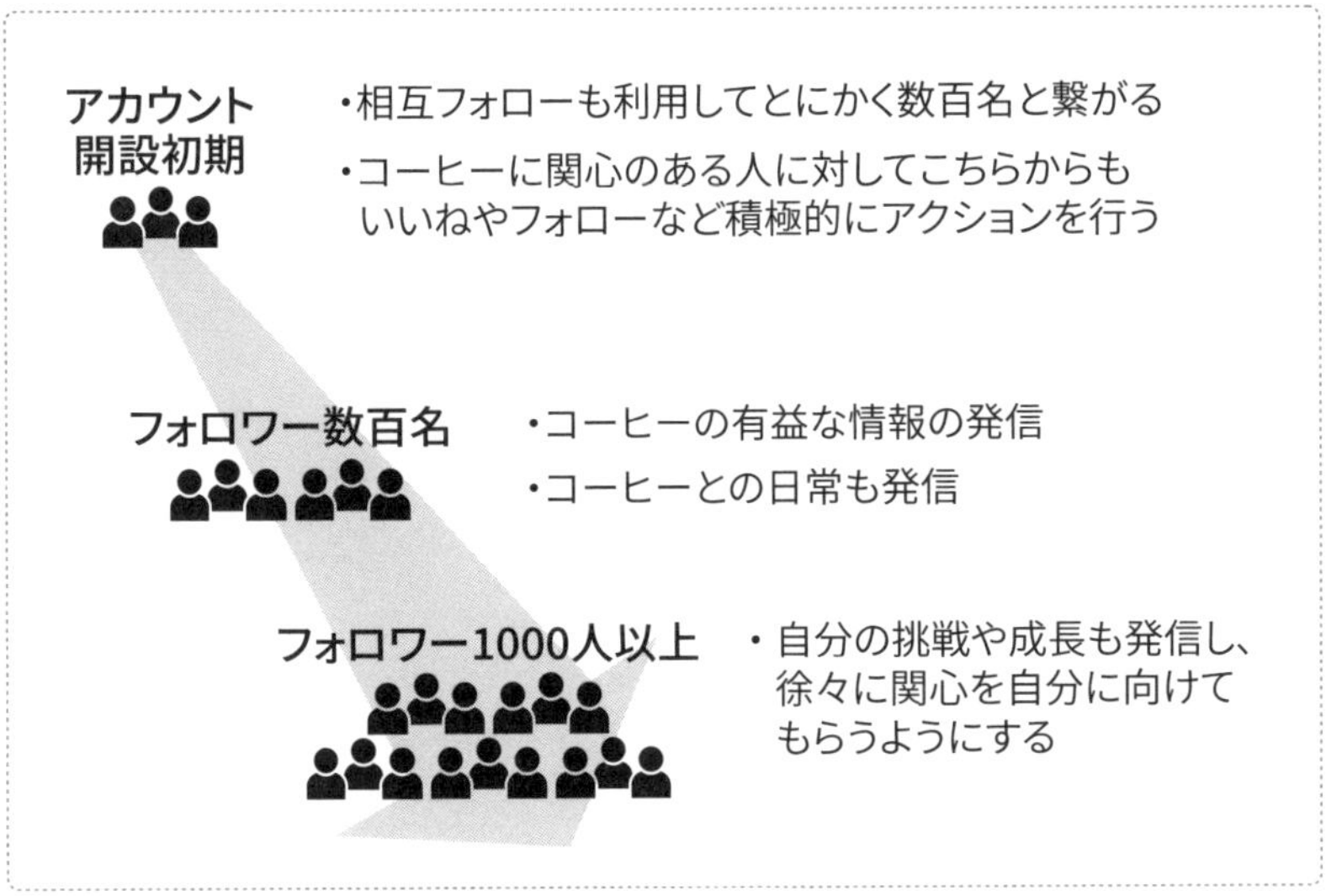
アカウント
開設初期
・相互フォローも利用してとにかく数百名と繋がる
・コーヒーに関心のある人に対してこちらからも
いいねやフォローなど積極的にアクションを行う
フォロワー数百名
・コーヒーの有益な情報の発信
・コーヒーとの日常も発信
フォロワー1000人以上
・自分の挑戦や成長も発信し、
徐々に関心を自分に向けて
もらうようにする

関係性の低い人とのむやみな相互フォローは控えることをおすすめします。

▼ＳＮＳの目的は見込客とつながること

ＳＮＳなどでの情報発信の最終的な目的は、売上につなげることです。そのためには、**自分と自分の商品に価値を感じ、興味を持ってもらえるフォロワーを獲得しなければなりません。**

自分の商品やサービスに関連する発信を継続的に行い、コツコツとフォロワー獲得につなげます。

地味で長い期間がかかる取り組みとなりますが、好きなことであれば、それ自体を楽しめますので継続しやすいです。

ニーズがあることを分かりやすい形で発信する

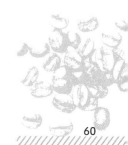

▼ニーズに応えることでファンを増やす

自分の商品の購買につながるフォロワーを獲得するためには、自分が発信する内容を整える必要があります。

「今日はこんなものを食べた」
「今日はこんな出来事があった」

このような自分語りは、基本的にNGです。ファンがたくさんいる人だったらいいのですが、99％の人はそうではありません。基本的に、誰も自分のことには興味が無いことを心得ておきましょう。

発信内容は、「**自分の商品に関することで、情報の受け手が興味を持つこと**」が望ましいです。そのためには、ニーズに応えるような発信を意識することが大切です。

ブログやYouTubeであれば、Googleの検索キーワードでニーズのあるものに応える内容を投稿すること。Instagramなどであれば、よく使われているハッシュタグを利用すること。

このような、ちょっとしたテクニックも必要となってきます。

自分の商品がコーヒー豆であれば、

・コーヒー豆の産地情報
・コーヒーの美味しい淹れ方
・好きなコーヒー店の情報

キーワード使用例「コーヒー 淹れ方」

ブログで発信の場合

記事タイトルにキーワードを入れる

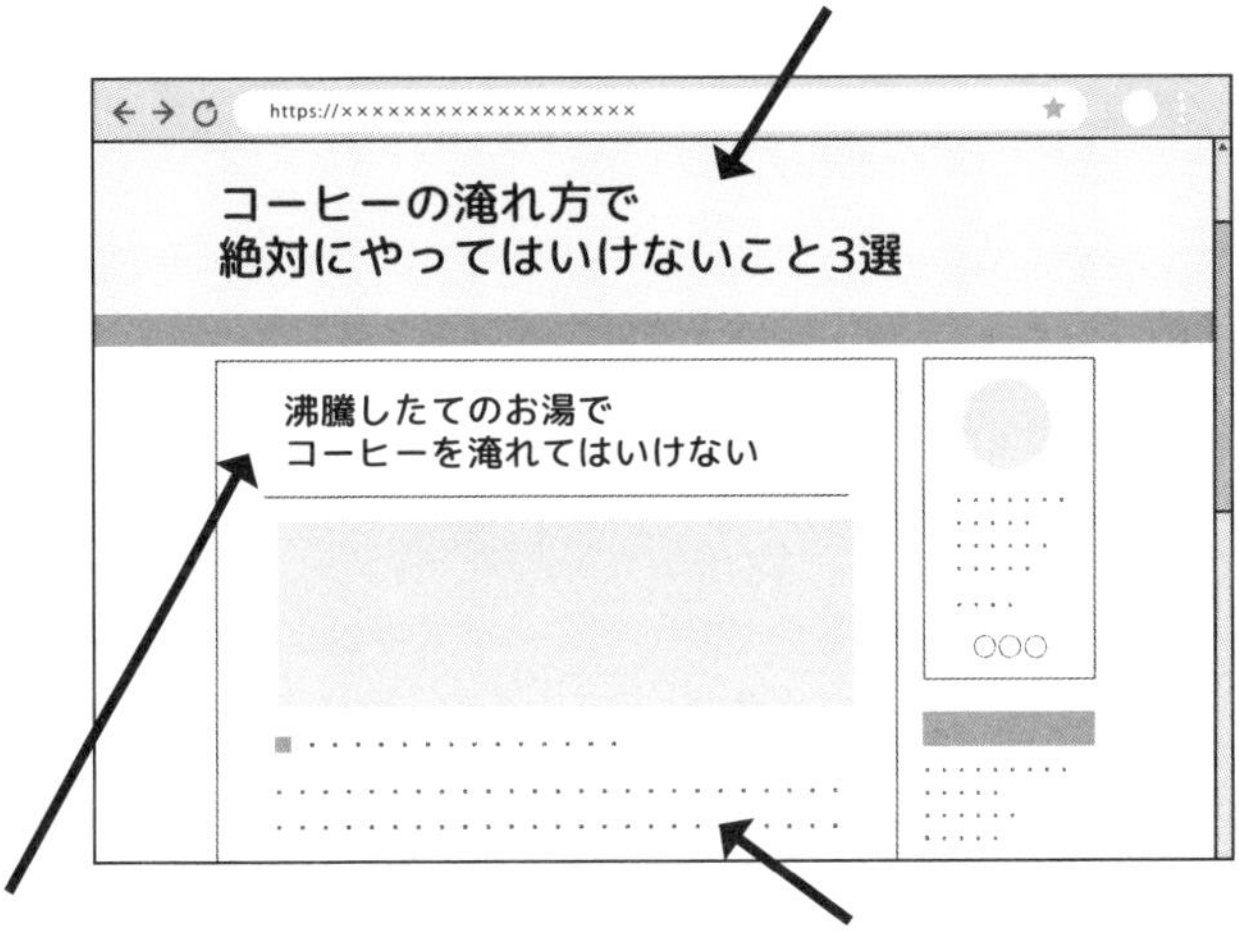
https://××××××××××××××××××××
コーヒーの淹れ方で
絶対にやってはいけないこと3選
沸騰したてのお湯で
コーヒーを淹れてはいけない

見出しを作り
その中に
キーワードを入れる

本文のなかにも
できるだけキーワードを使用する

You Tubeの場合

YouTube

タイトルや概要文、タグにキーワードを入れる

InstagramやX（Twitter）の場合

ハッシュタグを活用する

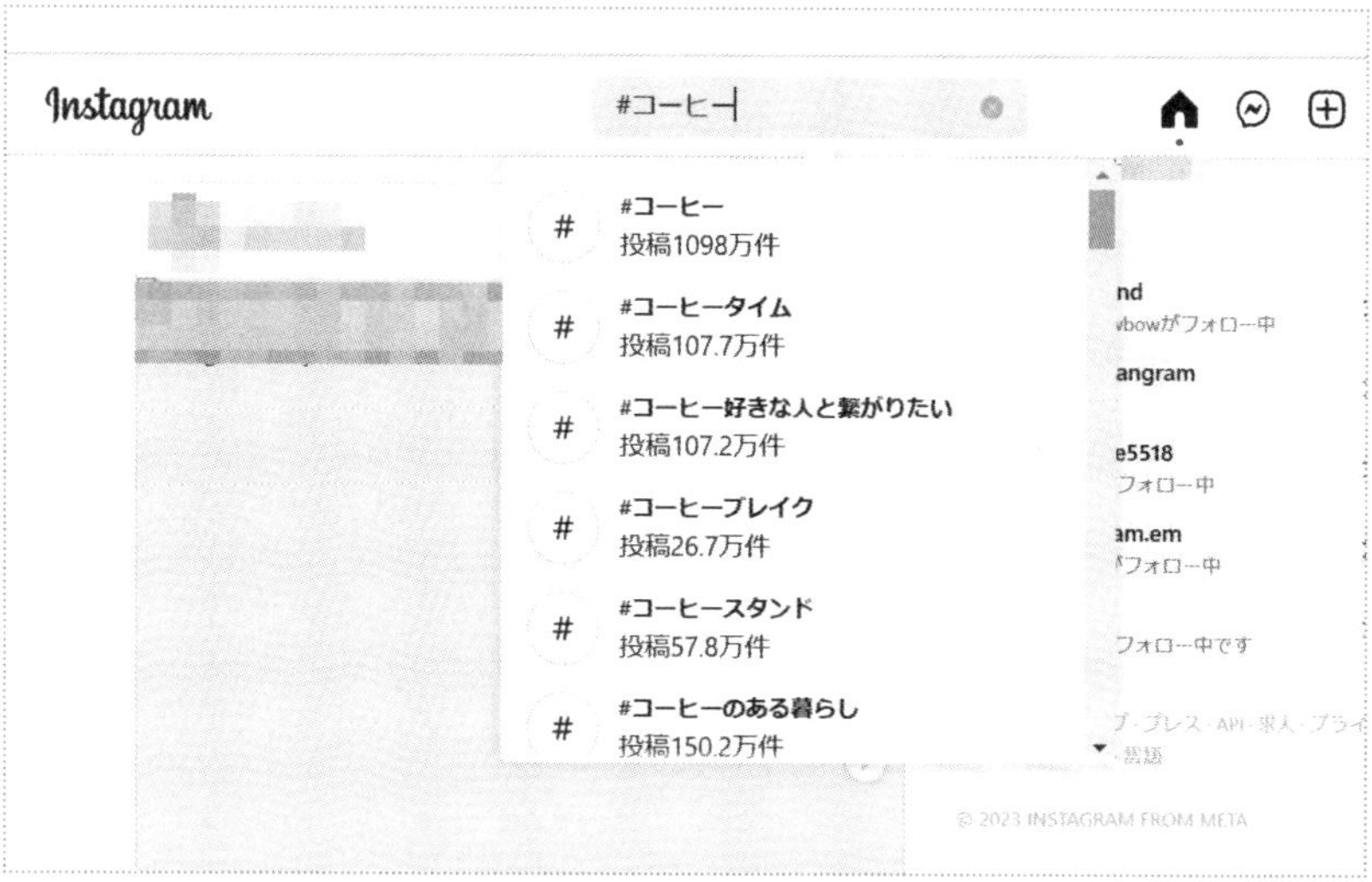

などの有益情報を発信しつつ、そこにコーヒー関連のGoogleの検索キーワードやＳＮＳのハッシュタグなどを活用すると良いでしょう。

また、それとともに「自分とコーヒーの関わりの日常」の発信も効果的。例えば、朝イチで淹れるコーヒーを写真付きで毎日投稿するなどの内容です。

このような感じで発信内容を整え、自分が何者なのか分かりやすいように演出します。「この人はフォローしておいた方がよさそうだ」と思わせたら勝ちです。

マーケティングを身につけると、自分に合った商売を立ち上げることができる

▼自分への認知を広める努力を惜しまない

情報発信を継続するためには、自分の好きなことを発信することが有効です。しかし、自分がやりたいことを深く追求することは、ターゲットとなる層が限定されてしまうことを意味します。

そのため、集客の確率の母数を広げる努力が必要です。自分や自分の商品をできるだけ多くの人に広く認知してもらい、その中から自分に価値を感じてくれるお客様とつながらなければいけません。

そのためには、今までの時代には、広告費として多くのお金が必要でした。しかし、**今はインターネットのおかげで、無料で自分のことを広くアピールできます。**

時間はかかりますが、自分のやりたいことに共感してくれる人に情報を届けることができます。そして、いったんつながってしまえば、高い確率でファンになってくれます。

▼「好きなこと」を追求するべし

自分の好きなことを日々追求し、それを発信するだけで、自分の商品を求める人とつながることができ、それがマネタイズにつながります。

自分らしさを発揮しながら、人に必要とされ、なんなら感謝されながら、お金も稼ぐことができる。そして、副業から始めれば、固定費もか

からずにリスクも最小限に抑えることができます。幸せな商売を、誰もがすぐに始めることができます。良い時代になりました。

ただし、最初の「０↓１」が一番大変です。最初は誰も自分のことなど知りませんので、商品が売れないどころか、発信した投稿にも反応がゼロだったりします。ここで心が折れる人も多いでしょう。

▼「0↓1」は今すぐにはじめよう

時間はかかりますが、この「０↓１」の部分を副業などで早めに直面してクリアしておくと、自分に共感してくれるお客様を獲得するスキルが身につきます。

そしてこのスキルは、その後の人生の自由度を爆上げしてくれます。

集客スキルを持ち、お客さんと売上がある状態で、リアルのお店を開業できます。すると、開業がギャンブルでなくなります。

もっと身軽に、**リアルのお店の開業をしないまま、副業として気軽に稼ぐことを続けるという選択肢も、当然あります。**

多くの選択肢のなかから、自分のやりたいことを、自分に合った手段で選択できるようになれる――。

このように、自分に合ったマーケティング力と情報発信力を身につけることは、自分の商売の第一歩にして最重要項目です。

マーケティング力の成長曲線

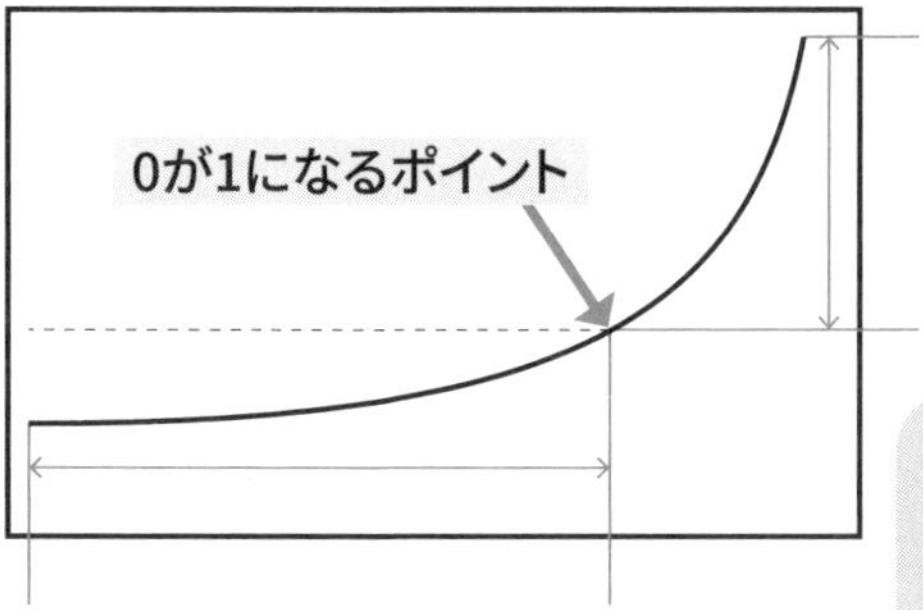

0が1になるポイント

0→1を達成してからの成果の伸びは加速する

この期間が長い。開業してからこの期間があると苦労する。事前に副業に取り組み、0→1を達成しておく。

【0→1の達成条件の目安】

SNSのフォロワーであれば1000人以上。ブログであれば月間PV10000以上。YouTubeであれば、チャンネル登録数1000人以上。副業収入の目安は月1万円以上。

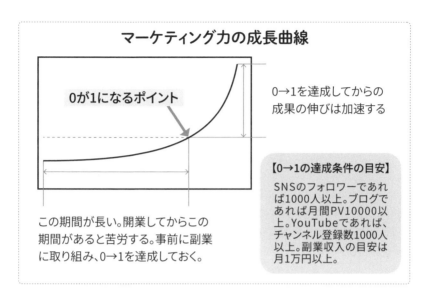

インターネットやＳＮＳを活用して、まずはどのようなマネタイズが自分に向いているかを見極めることから始めてみてはいかがですか？

コラム2

習慣と継続の力

私の副業はブログ運営から始めました。でも、副業で本当に稼げるようになるとは、当初は思えませんでした。

熱しやすく冷めやすい私です。2カ月目くらいから飽きてきて、3カ月目からサボるようになり、4カ月目で手を止めるだろう。それで、「3カ月もやったのに、現実は何も変わらない。やっぱり自分には無理なんだ」と軽く絶望する。ここまでがワンセット。いつものパターンです。

そこで、私は2つのことを決めました。「①毎日朝イチでブログを書くこと」「②どんなに結果が出なくても2年は続けること」。毎朝作業をして、それを2年続ければ、凡人の私でも何らかの結果が出るだろうと考えたのです。この取り決めは奏功し、私は4カ月以降も作業を継続することができました。

しかし一番苦しかったのは、4カ月目以降でした。どんなに記事を積み重ねても、アクセス数が上がりません。このダメージは深刻で、「これまでの自分の努力が無駄になるのではないのか？」「今回もいつものパターンなのか？」。このような不安が日増しに強くなり、苦しい思いをしました。それでも、2年は続けると決めていたし、また、作業が習慣化していたのでなんとか継続することはできました。

そしてブログ開設から7カ月目。ようやくアクセス数が伸びはじめ、8カ月目で1万円の収益を達成しました。ひとたび結果が出ると、その後は逆に作業を止めることが難しくなりました。

副業は最初の半年間くらいが鬼門かと思います。光が見えないまま闇の中を進むようなものです。ここで多くの人が脱落するのではないでしょうか？

そこで、**闇のなかを進むための推進材が必要になります。それが、私の場合は「習慣化」と「2年続ける覚悟」でした。**

第4章

コーヒー店開業の「お金の話」

コーヒー店開業にはいくらかかるのか？

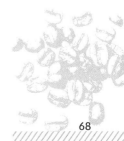

この章では、コーヒー店開業に必要な資金や、目標とするべき売上と収益について解説していきます。

結論から言うと、コーヒー店に必要な開業資金額は、出店エリアやお店のスタイルによって大きく変わります。一般的に、自己資金は最低でも３００万円程度は必要なイメージがあるかもしれません。しかし、ポイントを押さえると、自己資金１００〜２００万円程度でも、出店は十分可能です。

▼初期費用の大部分を占めるもの

初期費用の多くの部分を占めるものは、３つあります。

- テナント取得費用
- 内装費用
- 厨房設備や機材の購入費用

テナントの家賃によって、テナント取得にかかる費用が大幅に変わります。また、内装費や厨房機材費も、店のスタイルによってピンキリです。そのため、開業資金の平均的な金額をここで提示するのは難しいです。

▼トータル８００万円〜が目安

それでもあえて一般的な金額を述べると、ざっ

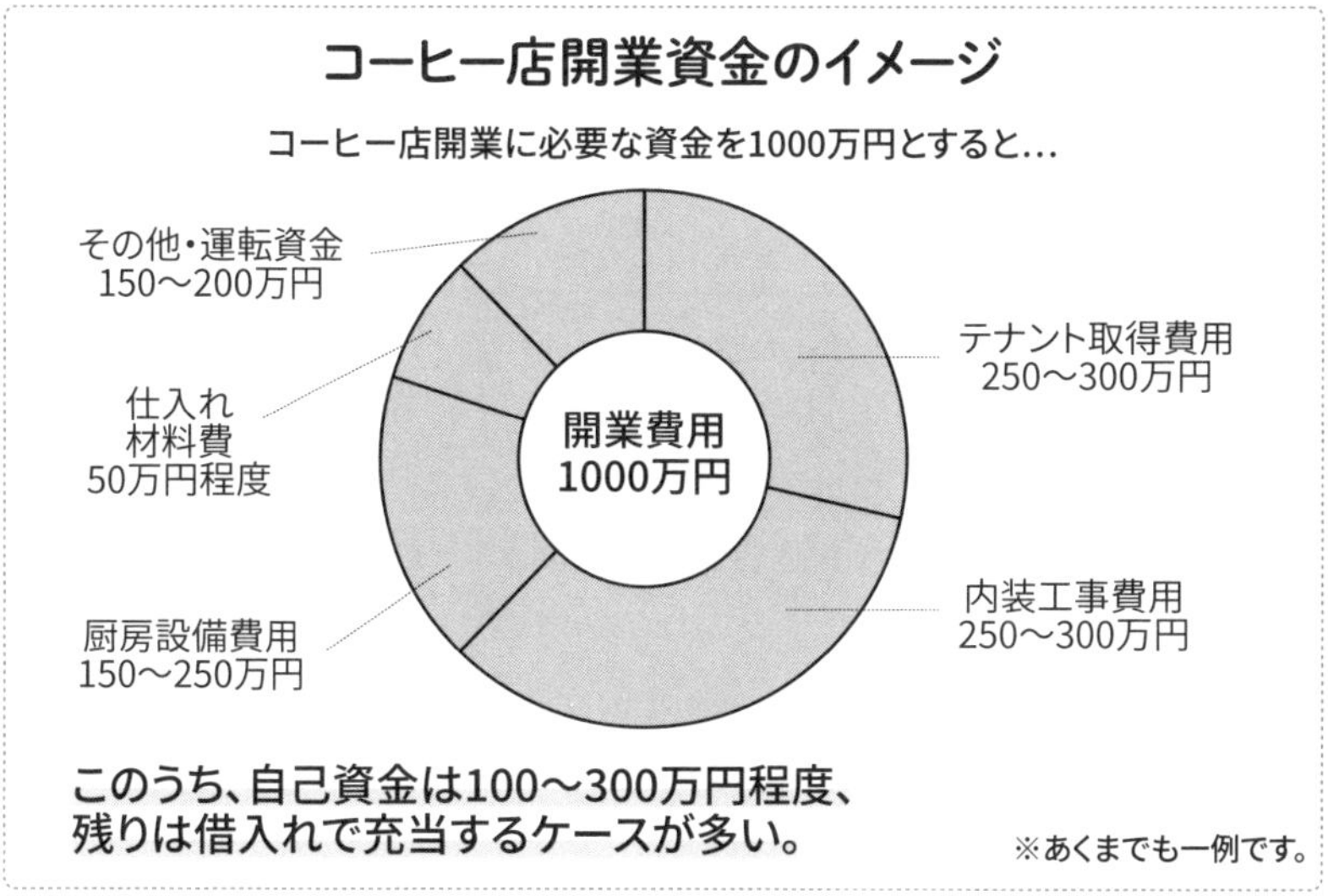

くりとですが、トータルの開業費用は都市部で１０００万円～、地方であれば８００万円～程度の場合が多いかと思います。

・テナントの取得費用（200～400万円）
・内装工事（200～400万円）
・厨房設備（150～300万円）
・仕入れ（50万円）
・運転資金（100～200万円）
・その他（50万円）

このくらいを見込むとすると、トータルで８００～１２００万円になります。

ただし、いくつかのポイントを押さえることで、開業費用を劇的に安く抑えることも可能です。このポイントについては、後ほど触れたいと思います。

自己資金はいくら必要か？

▼開業資金の3割が自己資金と考える

最低限必要な自己資金額は、日本政策金融公庫の調査（新規開業実態調査）によると、一般的に言って開業資金の３割程度を用意する人が多いようです。つまり、開業資金で１０００万円必要な場合、自己資金は３００万円、７００万円が借入というわけです。

金融機関から融資を受けるときには当然審査があり、有利な条件になる人もいれば、厳しい条件になったり、場合によっては融資を断られる可能性もあります。

- 今までの仕事の経歴
- クレジットカードなどの支払いに問題はなかったか
- 自己資金は自力で蓄えられたものか？
- 支払いなどの遅延がないか？

このようなポイントが見られるそうです。

開業しようとしている業種と一貫性があり、クレジットカードの支払いなどの信用に問題が無い場合、有利な条件でＯＫが出る可能性高いです。しかし、脱サラ組など今までの仕事との一貫性に欠ける場合は、自己資金の割合を増やすなどの対応が必要になるかもしれません。

ここで、**コーヒーの副業で結果を出しておけば、事業収入があるし一貫性があることになりますので、印象が有利になる可能性があります。**

日本政策金融公庫の新規開業実態調査

調査によると、開業時の平均資金調達額は1200万円弱。そのうち、自己資金は約282万円。（ただし調査の対象は全業種。飲食業以外も含む。）

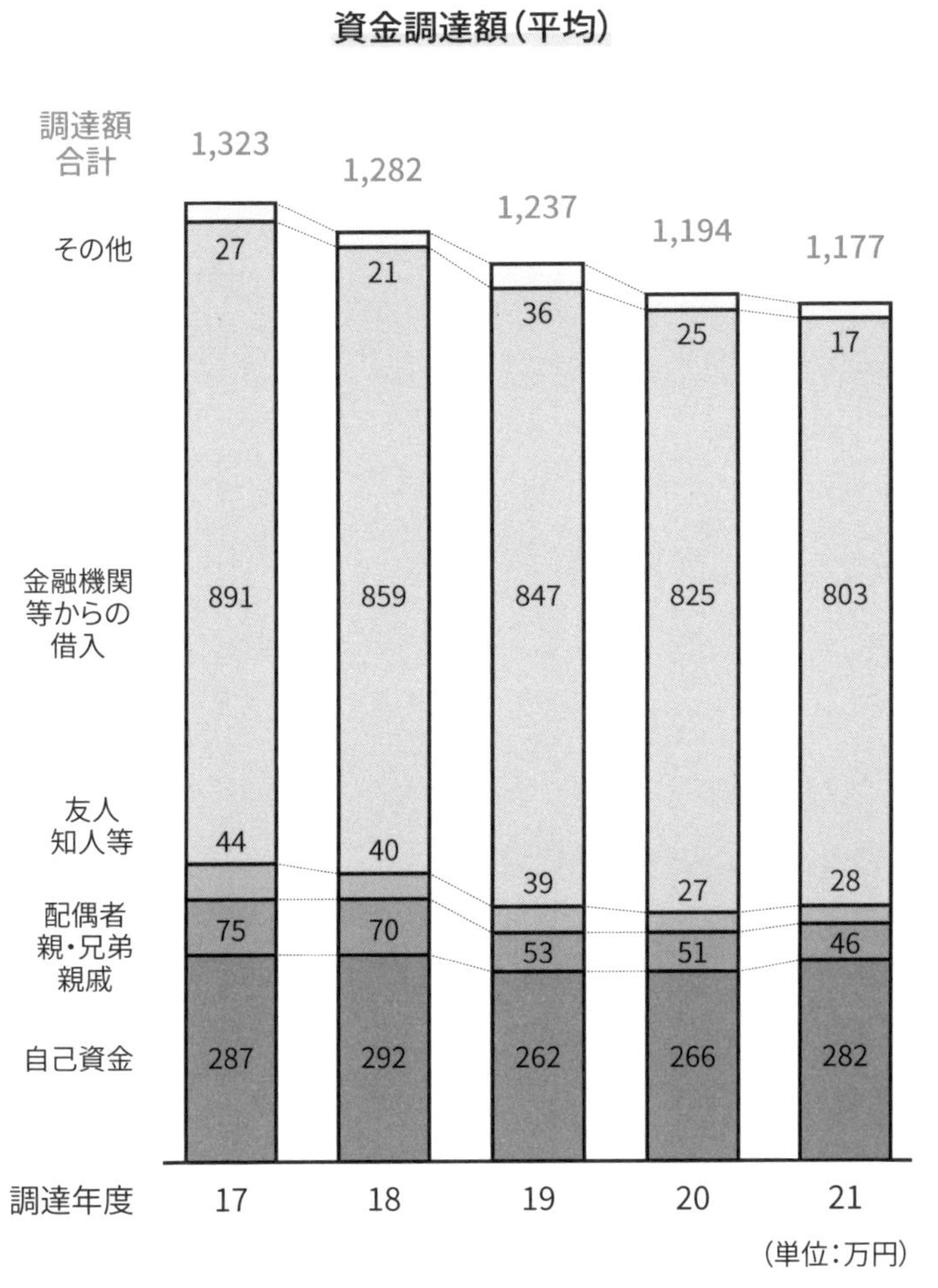

出典：日本政策金融公庫総合研究所「2021年度新規開業実態調査」

売上はいくらを目指すのか？

▼黒字化の売上目安

自家焙煎コーヒー店として、毎月いくらくらいの売上を目指せばいいのでしょうか？　黒字化するにはどれくらいの売上が必要か、考えてみます。

まず、売上が黒字化に転換する売上金額を算出するには、そのお店の家賃が大きく関わってきます。ざっくりとした目安（月間）で言えば、

・家賃10万円程度の物件であれば、100万円
・家賃15万円程度の物件であれば、120万円
・家賃20万円程度の物件であれば、130万円

大体このくらいの売上があれば、黒字化するかと思います。

もちろん、お店のスタイルや人件費、原価率など他の要素によってもかなり変動します。

▼月商120万円のコーヒー店の場合

具体例として、月商120万円規模の自家焙煎コーヒー店を考えてみます。コーヒーの豆売りとドリンクテイクアウトに注力し、他の例えばフードの提供などはできる限り簡略化したスタイルのお店とします。

このようなお店の場合、1～2人でお店の運営ができますので、人件費もそれほど大きな負担にはなりません。コーヒーは原価率も良く、

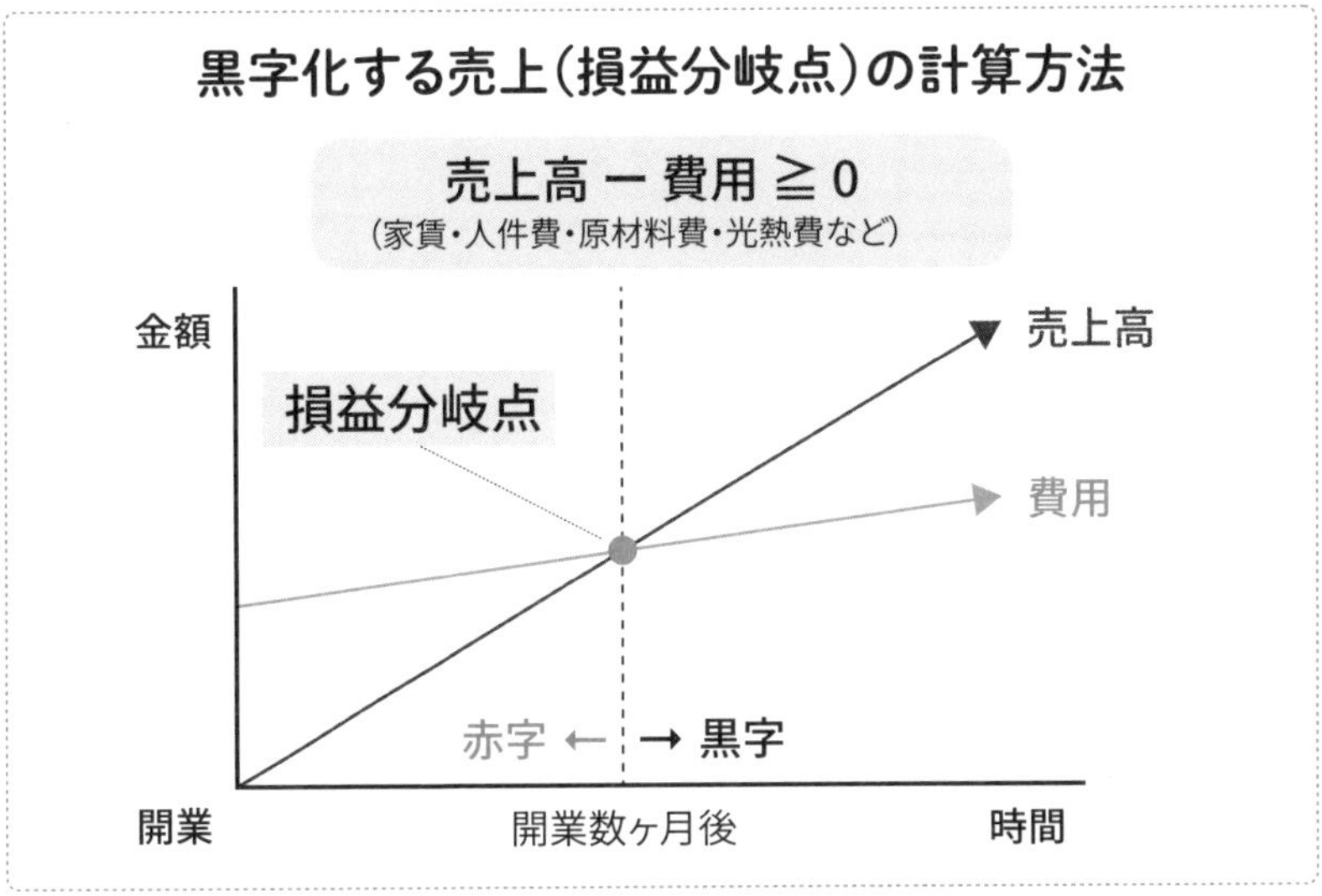

売上の25～30％程度の範囲には十分収まります。

すると、売上１２０万円・家賃15万円の場合、人件費が50万円・原価額は35万円となり、水道光熱費等を含めると**収支がトントン～少し黒字になります。**

ちなみに、豆売りが中心のコーヒーショップの平均客単価を推測する方法があります。

ドリンクだけを購入される支払い金額が安いお客様、豆を２００ｇ以上購入される支払い金額が高いお客様がいます。色々なタイプのお客様がいますが、結果的にはコーヒー豆１００ｇあたりの値段（６００～８００円）に落ち着きがちです（あくまでも目安です）。

豆売りが中心のお店の場合は、そのお店のコーヒー豆１００ｇあたりの金額を平均客単価として想定してみてはいかがでしょうか。

自家焙煎コーヒー店のランニングコストはどのくらい？

ランニングコストで大きな割合を占めるものは、家賃・人件費・原価の３つです。これらの金額は、お店のスタイルによって大きく変動します。

ただし、自家焙煎コーヒー店は10坪以下の小さなテナントで営業が可能です。そのため、家賃も人件費も抑えることが可能です。

▼主なランニングコスト

それでは、自家焙煎コーヒー店の毎月のランニングコストはどれくらいになるのか、内訳とともに解説します。

自家焙煎コーヒー店のランニングコストで、主なものは次の通りです。

- 家賃
- 人件費
- 原価（材料費）
- 水道光熱費
- 通信費
- 広告宣伝費

▼ランニングコストの考え方

人件費を計算する場合、平均的なラインで１日２人勤務（早番と遅番）体制で考えます。原価は、売上に対して25～30％で計算します。ただし、フードや雑貨などに力を入れると、原価

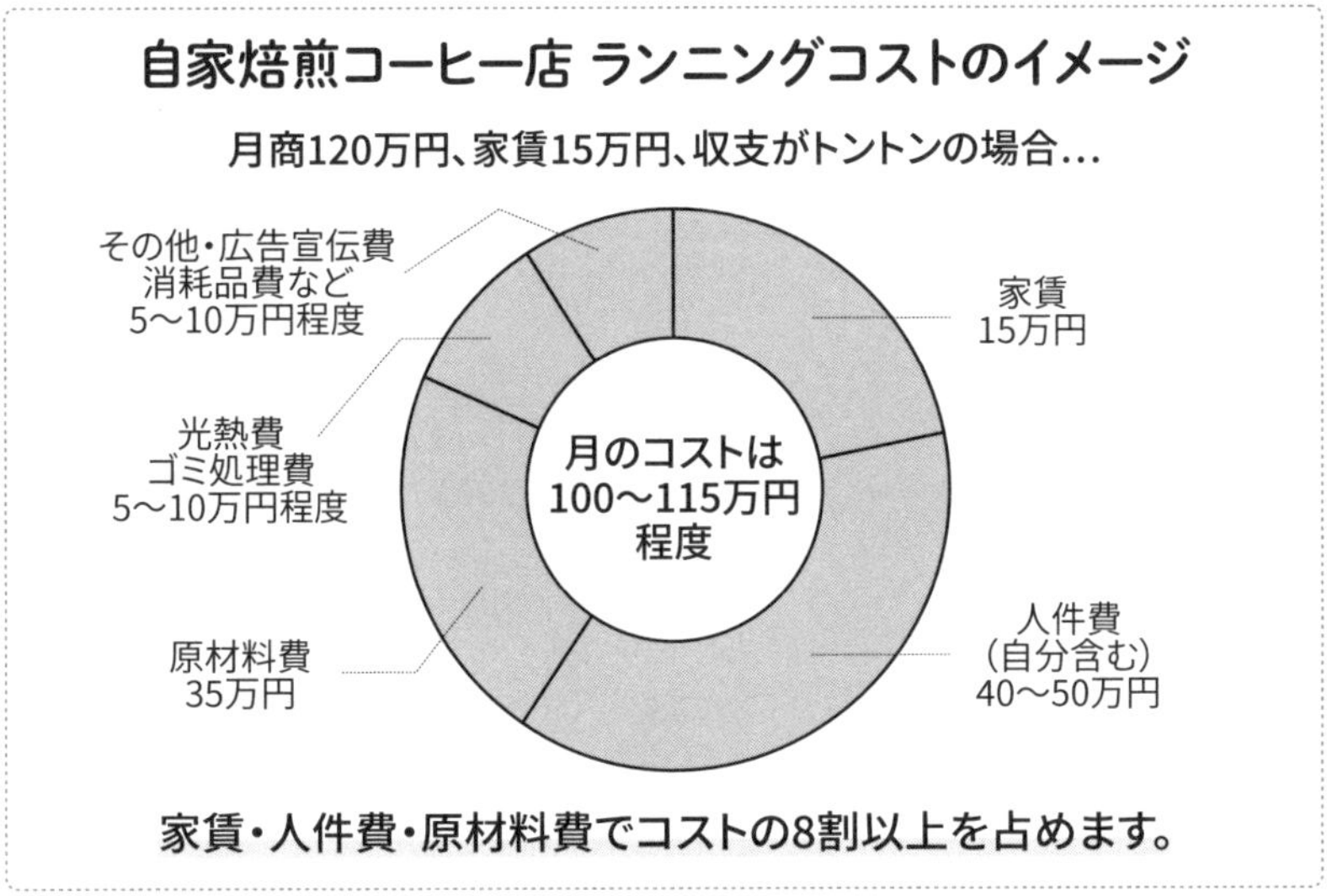

はもっと上がります。

水道光熱費では、やはり電気代が高くなります。エアコンや、場合によっては焙煎機などで業務用の電力を使用する場合が多いからです。その場合数万～10万円弱程度の電気代が発生します。

広告宣伝費は、通常の個人店であればゼロになるかもしれません。チラシを刷ってポスティングしたり、ＳＮＳなどで広告を出す、などに取り組む場合には費用がかかってきます。

自家焙煎コーヒー店は儲かるのか？

▼自家焙煎コーヒー店の「7つの武器」

ところで、「そもそも自家焙煎コーヒー店は儲かるのか」が一番気になるところかと思います。

家賃10万円のテナントで月商100万円を達成するには、定休日を設けるかによって変わりますが、1日あたり3～4万円の売上が必要です。家賃20万円のテナントであれば月商130万円として、1日あたり4・5～5万円程度です。

黒字化のためにはこのくらいの金額が目安となりますが、これってどのくらいの難易度なのでしょうか？

実は、**自家焙煎コーヒー店としてこの数字をクリアすることは、そんなに難しいことではありません。**なぜなら、自家焙煎コーヒー店には**儲けるための武器が、数多く存在する**からです。

主な武器は7つあります。

1．原価が安い

コーヒーの生豆の原価は安いです。自家焙煎店のコーヒー一杯の原価率は数%～。カップなどの資材費込みでも10%程度です。コーヒー豆売り店としてのトータルの原価を、30%以内に収めることは十分可能です。

2．ロスが出ない

コーヒー豆は保存がある程度効きますので、ロスになりにくいです。売れ残ったコーヒー豆であっても、ドリップバッグ作成やドリンクとしての消費に回すことができますので、ロスをゼロにすることは十分可能です。

3．人件費や固定費などランニングコストが低い

自家焙煎コーヒー店は、比較的小さなテナントでの営業が可能ですし望ましいです。そのためお店のスタッフ数が少なくて済み、またテナントの家賃も抑えることができます。

4．ドリンクも売りやすい

自家焙煎をしていると、当然美味しいコーヒーが提供できます。お客様から見ても自家焙煎は印象が良く、コーヒーのテイクアウトなどでも売上を作りやすいです。

5．ギフト需要も取り込める

コーヒー豆はギフトとしての需要もあります。特に近年はドリップバッグの普及に伴い、ギフト需要が増加傾向です。

6．ネット通販とも相性が良い

コーヒー豆は通販とも相性が良いです。遠方のお客様でも、味を気に入ってくれれば買ってくれます。

7．天気に左右されにくい

コーヒー豆売りはドリンクと異なり、雨天でもチャンスロスとなりにくいです。雨が降るとその日は売上が落ちますが、天気が回復したタイミングで買いに来てくれますので、売上がリカバリーできます。

このように、**売上は多岐にわたって作りやす**

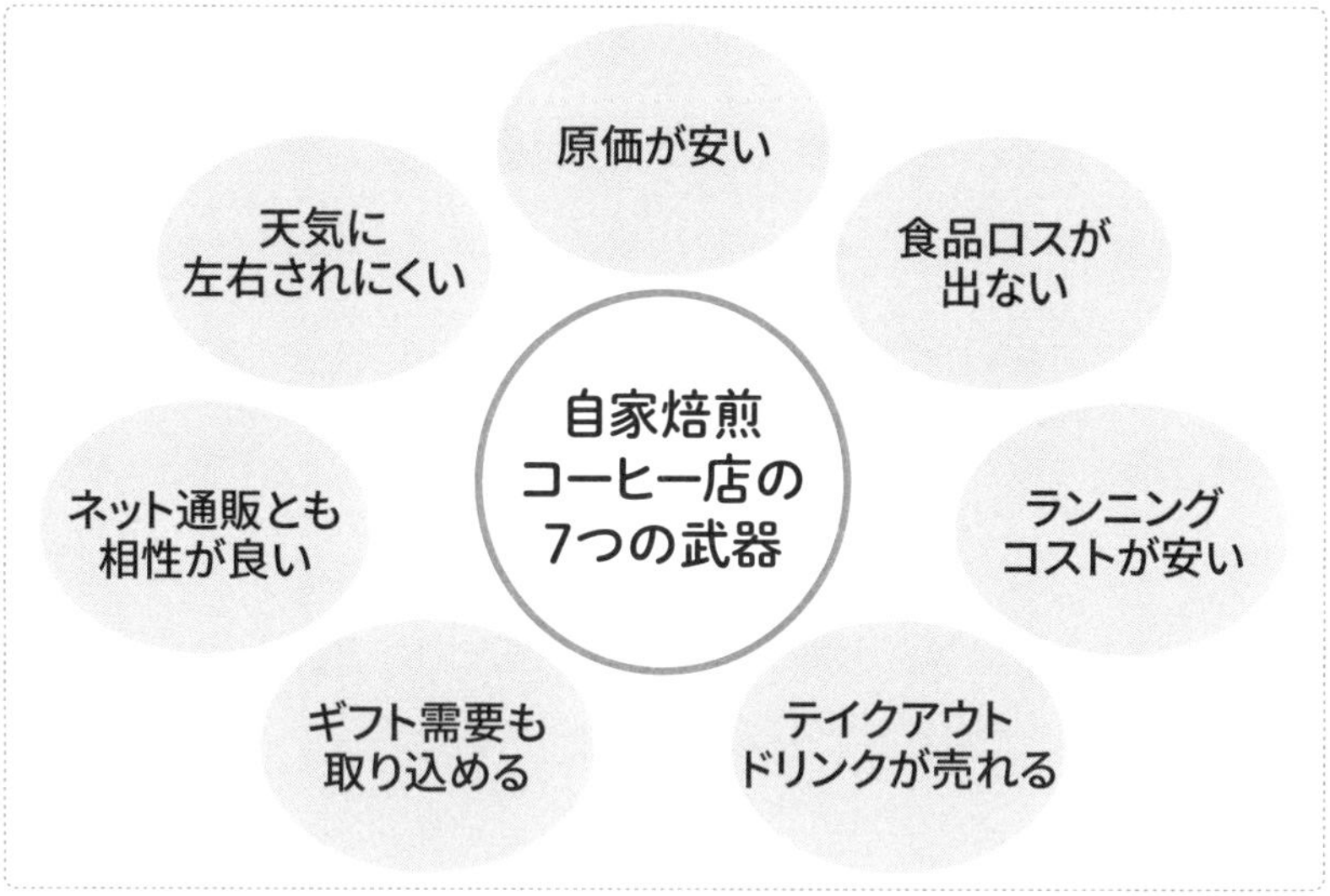
自家焙煎
コーヒー店の
7つの武器
原価が安い
食品ロスが
出ない
ランニング
コストが安い
テイクアウト
ドリンクが売れる
ギフト需要も
取り込める
ネット通販とも
相性が良い
天気に
左右されにくい

く、原価率は良く、経費も抑えやすい。これがコーヒー店が儲かりやすく、潰れにくい理由です。

ただし、忙しくて、地味です。売上の柱が色々と作れるのはいいのですが、やることが単純に多くなります。

そして労働集約型の商売なので、大きくは儲かりません。焙煎など製造～販売まで店内で一括で行うので、労力がかかります。退屈な単純作業もたくさんあり、売上の拡大は大変です。

しかしその代わり、**安定した経営はすることができる。これが自家焙煎コーヒー店の商売の特徴です。**

第5章

コーヒー店の
テナントの探し方
・内装の施し方

コーヒー店にとって良い立地とは？

▼テナントはコーヒービジネスの要《かなめ》

最初は誰でも開業に対して不安があるもの。

そのため、「できるだけ家賃を抑えて、開業の初期費用もランニングコストも抑えよう」という意識が働きます。

結果、そこそこの家賃で、まあまあのテナントに落ち着きがちです。そして集客に苦労する、というお店を多く見受けます。

しかし、**テナントの良し悪しはコーヒービジネスのセンターピン**です。ここは徹底的にこだわりたいところです。

意識して欲しいのは、「**坪単価（ひと坪あたりの家賃）**」です。

▼「坪単価」に留意する

坪単価が低い、というのは集客に不利なテナントだということ。そんな立地で出店しても、魚のいないところで釣りをするようなもの。そのような場所で開業すると、どんなに努力したところで、得られる成果が限定されてしまいがちです。

そこで、テナント選びのキーワードは、

「**坪単価は高くてもよい。でも、家賃は抑えめに**」

つまり、次のような物件がベターであると考えられます。

次のうち、店の売上に一番影響する要素は?

①テナント・立地
②外観・雰囲気
③店内レイアウト・ディスプレイ
④品質と価格のバランス
⑤品揃え・メニュー
⑥サービス・接客

私の実感としては、影響の大きい順に①→⑥。
コーヒー店(特に豆売り店)は、喫茶店ではなくて、食料品販売店。だから、立地がビジネスのセンターピン。

・坪単価は高く…立地が良く、人通りが多い
・家賃は抑えめに…坪数が少なく、狭い間取り

コーヒー店を開業する場合、立地の良い場所で狭い間取りのテナントを選んで、テイクアウトやコーヒー豆などの物販を売上づくりの中心とする。

これが、リスクを最小限にするやり方です。

小さなテナントの利点

▼カフェとコーヒー店のリスクの違い

通常のカフェのように店内喫茶を中心に考えると、リスクが大きいです。

通常のカフェの場合

↓客席の席数を確保したい
↓ある程度、広いテナントが必要になる
↓家賃がかかる
↓良い立地に出店しにくい
↓坪単価の低い物件になってしまう
↓人通りの少ない場所や２階以上のテナント
↓集客が大変
↓結果、売上が低迷

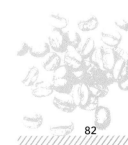

また、カフェは店舗が広いため、人を雇わないと回りません。すると、ランニングコストもかさみます。これでは経営が大変です。

対照的に、テイクアウトやコーヒー豆などの物販が中心の店は、リスクが小さくて済みます。

物販中心のコーヒー店の場合

↓客席の席数は少なくてＯＫ
↓小さいテナントでも構わない
↓坪単価の高いテナントでも家賃を抑えることができる
↓良い立地に出店できる
↓人通りが多い場所や１階路面店に出店

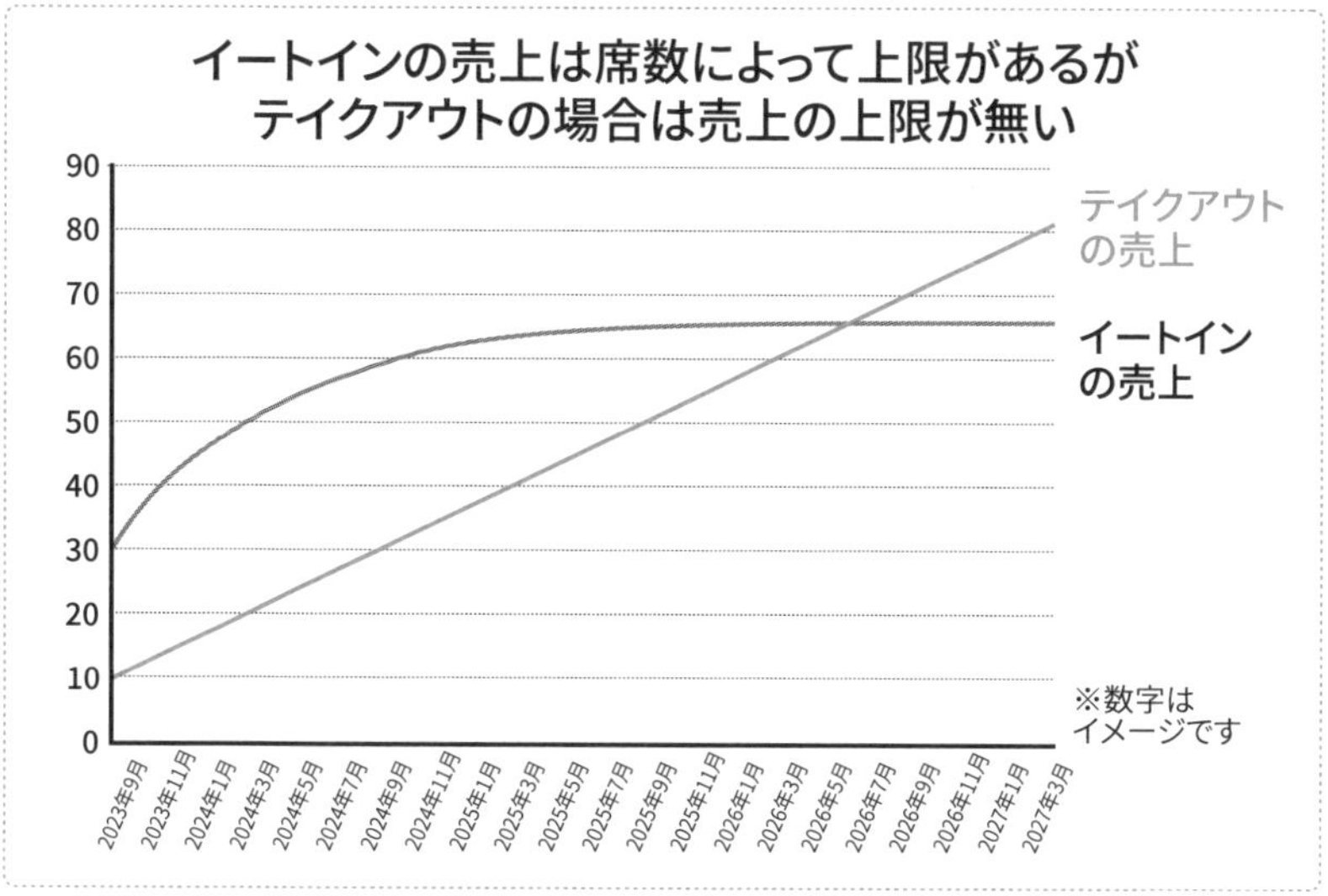

↓集客が簡単
↓結果、売上が上がる
↓さらに、狭い店舗なので人を雇わずに済む
↓ランニングコストが抑えられる

安心して経営できますよね。

そしてあとひとつ、とても良いポイントがあります。それは、**テイクアウトや物販は席数に関係なく売上が積み上がっていく**こと。そのため、売上の上限が高いこと。店内喫茶だと満席になったら、それが上限です。この差は非常に大きいです。

このように、コーヒー店を開業する場合、小さめのテナントを選んで、テイクアウトやコーヒー豆などの物販を売上づくりの中心とする。

これが、リスクを最小限にするやり方です。

自家焙煎コーヒー店にとって良いテナントとは？

▼テナントの条件

それでは、自家焙煎コーヒー店にとって良いテナントの条件の、細かい部分を解説していきます。

大きく分けて３つのポイントがあります。

①1階路面店で間口の広いテナントであること
②建物に共同トイレがあること
③店内焙煎しても問題ないテナントであること

それぞれ、解説します。

①1階路面店で間口の広いテナントであること

１階路面店であることは、集客の最大のポイントです。

しかし、狭くて坪数の少ない１階のテナントに多いパターンが、間口が狭くて奥に細長いテナントです。俗に言う「うなぎの寝床」です。このようなテナントは、お客さまから認識され難く、集客をするうえでデメリットの多い物件です。また、細長い構造の物件は店内のレイアウトも自由にできず、内装の面でも苦労しがちです。

逆に**間口が広いと、お客さまがお店を認識しやすく、さらにお店に入りやすい雰囲気になるので非常に有利**です。また、店頭にディスプレイできる商品にボリュームを出すことができ、売上が安定します。

②建物に共同トイレがあること

狭いテナントで開業する場合、建物に共同トイレがあると非常に有利です。

店内にトイレを設置すると、それだけで1坪弱とられてしまうからです。狭い店舗がさらに狭くなり、レイアウトでもかなり苦労することになります。

共同トイレがあれば、その分の広さを商品ディスプレイや客席に使えますし、さらに内装費用も安く済ませることができます。

③店内焙煎しても問題ないテナントであること

自家焙煎するということは、コーヒー焙煎機を設置して店内で焙煎するということ。この部分で発生する問題をクリアできるテナントでなければいけません。

店内焙煎で発生する問題とは、煙と匂いが発生することです。**テナントの上層階がマンションになっているとクレームになりがちです。**住宅街での開業は、避けた方が無難です。商業地でも、テナントの両隣が呉服店など匂いを嫌う業態のお店の場合は、問題になる場合があります。

多くの自家焙煎店もここは苦労してます。対策としては、煙を排出するダクトを屋上まで伸ばしたり、お金はかかりますが消煙機やアフターバーナーを設置して、煙や匂いを強制的に消す方法もあります。

とはいえ、通常の商業地であればあまり問題になることもありません。匂いの出る業態は焼肉屋など他にも色々とありますし、そのような**重飲食の重い匂いに比べれば、コーヒーの匂いは歓迎されます。**

自家焙煎コーヒー店向けのテナント

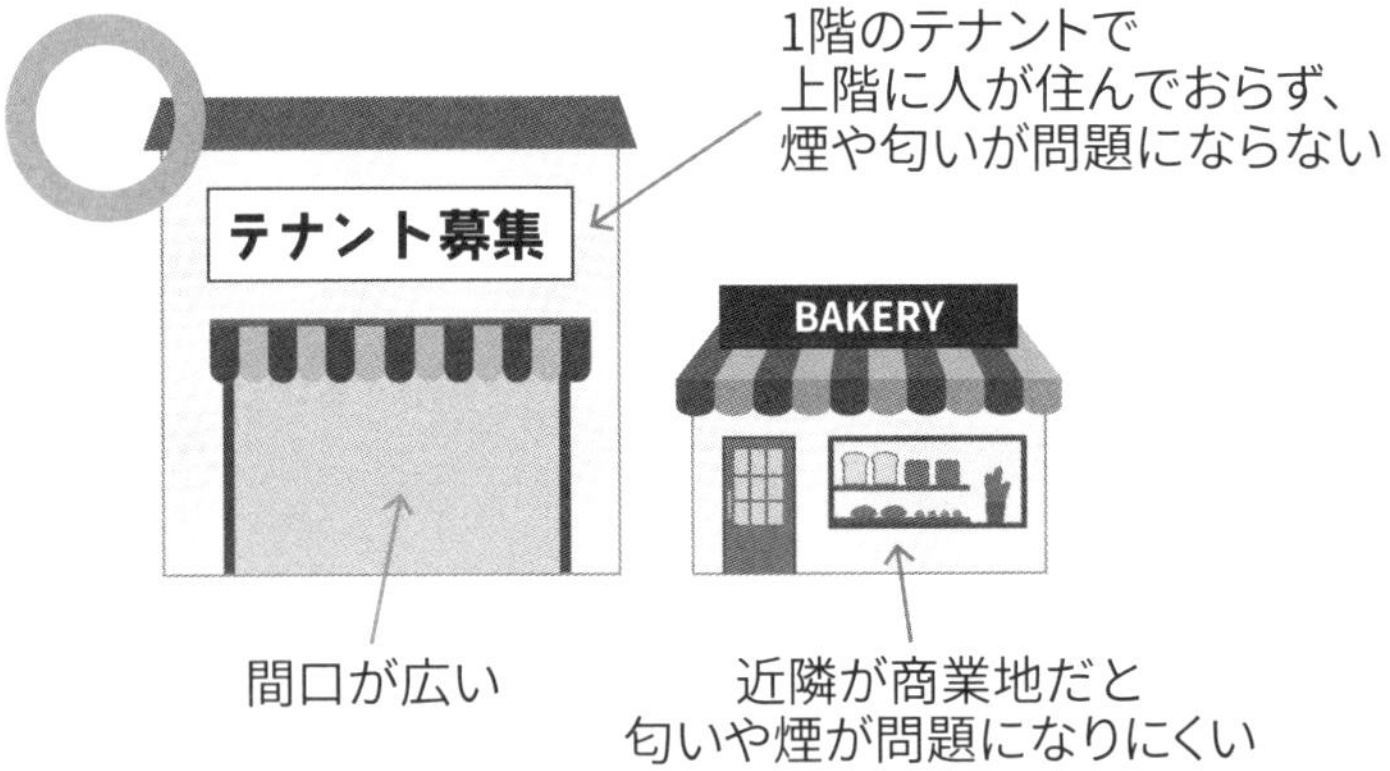
1階のテナントで
上階に人が住んでおらず、
煙や匂いが問題にならない
テナント募集
BAKERY
間口が広い
近隣が商業地だと
匂いや煙が問題になりにくい

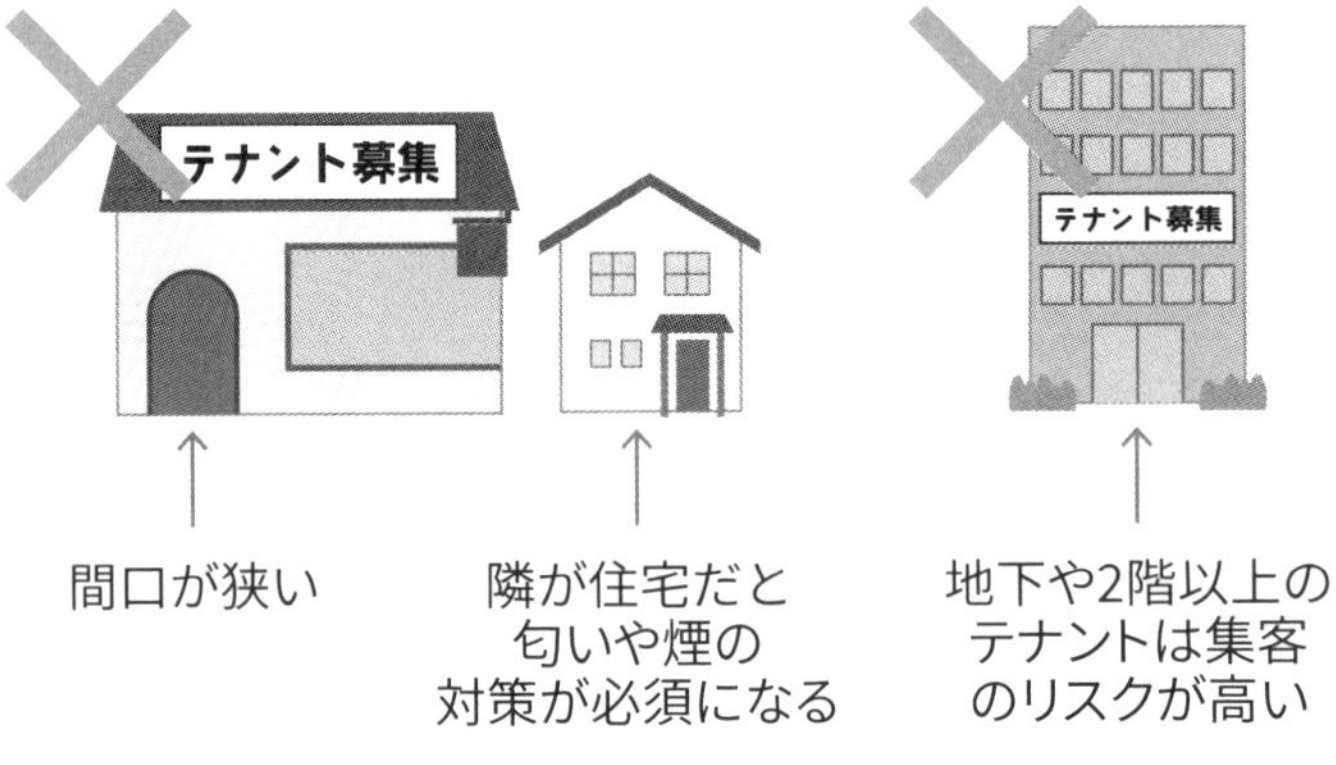
テナント募集
テナント募集
間口が狭い
隣が住宅だと
匂いや煙の
対策が必須になる
地下や2階以上の
テナントは集客
のリスクが高い

**共用トイレのある建物だと
店内のスペースをトイレに割かずに済む**

内見時のチェックポイント

▼テナント選びののチェックポイント

実際にテナントが見つかったら、不動産会社を通して内見を申し込みます。

実際に店内を細かく見ることになるのですが、そのときにチェックするポイントがあります。

- 電気の容量（通常電力容量チェックと同時に三相200Vの動力があるか？）
- 水道・ガスは引いてあるか？
- トイレは建物の共用トイレは使えるか？
- 焙煎機を置くならダクトの設置場所（壁に穴開けて換気扇を付けられる場所）
- 間口は広いか（通りに接している面は広いほど良い）
- メジャーを持参して間取りの寸法をチェック（レイアウト図作成のため）
- 業務用エアコンの室外機を置くスペースがあるか？

三相２００Ｖ（動力）とは、大容量の電気を使用する業務用マシンの電源であり、通常の電力とは異なります。エアコン・大容量コーヒーマシン・ソフトクリームマシンなどで使われる電力です。通常のビルであれば建物内まで引き込まれており、電力会社と契約するだけで使用することができます。ただし、小さいビルや一戸建てなどは、建物内まで引き込まれていないケースが多いです。

この三相２００Ｖを電柱から建物まで引き込む工事は、その地域の電力会社しかできません。**申請してから工事終了まで2カ月ほどかかることがあり、早めの対応が必要となります。**もちろん、三相２００Ｖの動力のマシンを使わない場合は、引き込み工事は不要です。

内見してＯＫでしたら、そのテナントへの入居申込書を書いて提出します。申し込んだからといって、契約ができる確証はありません。他の入居希望者など競合がいる場合もありますし、大家さんの方で審査があり、断られるケースもあります。

金融機関に融資を申し込むのであれば、もうこの時点で動きます。申し込み書を提出して、テナントの大家さん側もＯＫであれば、契約の締結に向けて話し合いが進みます。

通常、**契約を締結した契約日から、家賃が発生することになるので注意してください。**フリーレントといって、開業準備期間として1～2カ月の家賃を発生しない期間を設けてくれる場合もあります。競合する申込者の存在が無い場合、積極的に交渉するようにしましょう。

また、**前テナントが退去しておらず、原状回復前であれば、使えるものは残してもらえるように、内見時に交渉しましょう。**

テナントを内見する時のチェックポイント

☑ **電気の容量**
通常電力60A 以上、できれば100A。

☑ **業務用電力**
三相200Vの業務電源の有無。あれば使える容量も。

☑ **水道（ガス）**
水道管や排水管の位置。必要であればガスも引いてあるか？

☑ **トイレ**
トイレは建物の共用トイレが使えるか？

☑ **エアコンの室外機置き場**
業務用3馬力以上のエアコンの
室外機を置くスペースがあるか？

通常の家庭用エアコンの
室外機よりも大きいので注意

☑ **排気穴**
焙煎機の煙を出す場所はあるか？
エリアや建物によっては、排出穴に
防火ダンパーの設置が義務付けられることも。

防火ダンパー

☑ **オーニングテント**
店の入り口にオーニングテントを設置しても良いか？

オーニングテント

☑ **看板**
店の前にA型看板は出せるか？
店の入り口上に袖看板は設置できるか？

A型看板

袖看板

☑ **お店のサイズを測る**
メジャーを使って入り口の幅や
お店の内部の広さ、高さを正確に測っておく。

図面に
測ったサイズを
記入しておく

☑ **フリーレント**
フリーレントの有無、大家さんに交渉できそうか確認しておく。

☑ **前テナントの残置物**
前に入居していたお店のものが残っていて、使えそうなものが
あれば残してもらうように交渉しておく。

自家焙煎コーヒー店が狙うべきテナントまとめ

▼テナント選びのポイントまとめ

それでは、自家焙煎コーヒー店が狙うべきテナントの条件をまとめてみます。

・坪単価が高い立地で、集客に有利であること
・坪数が少なく、家賃を抑えられること
・1階路面店
・間口が広く、通りからの視認性が良いこと
・建物に共同トイレがあればよりベター
・店内焙煎しても問題にならない立地であること

地方での出店を考える場合、道路から見て、分かりやすく入りやすい駐車場があることも意識するとよいでしょう。

▼喫茶店やカフェとは視点が異なる

喫茶店やカフェを開業するような意識でテナントを探してしまう人が多いですが、それは間違いです。コーヒー店、特にテイクアウトやコーヒー豆売りで売上を作りたい場合、「食料品販売店」としての意識を持たなくてはいけません。

できるだけ多くの人に認識してもらえる立地。お店に通うのに便利な立地など、どちらからというと、コンビニの出店場所選びに近いものがあります。

そこで、繰り返しになりますが、「**坪単価は高く、しかし狭い間取りで家賃が抑えめなテナント**」。これが自家焙煎コーヒー店として狙うべきテナントになります。

コーヒー店にとっての良い立地とは…

物販中心のコーヒー店の場合…

客席は少なくてOK。小さいテナントで営業可能坪単価の高い、人通りのある通り沿いの1階路面店への出店が可能に。難易度の低い経営ができる。

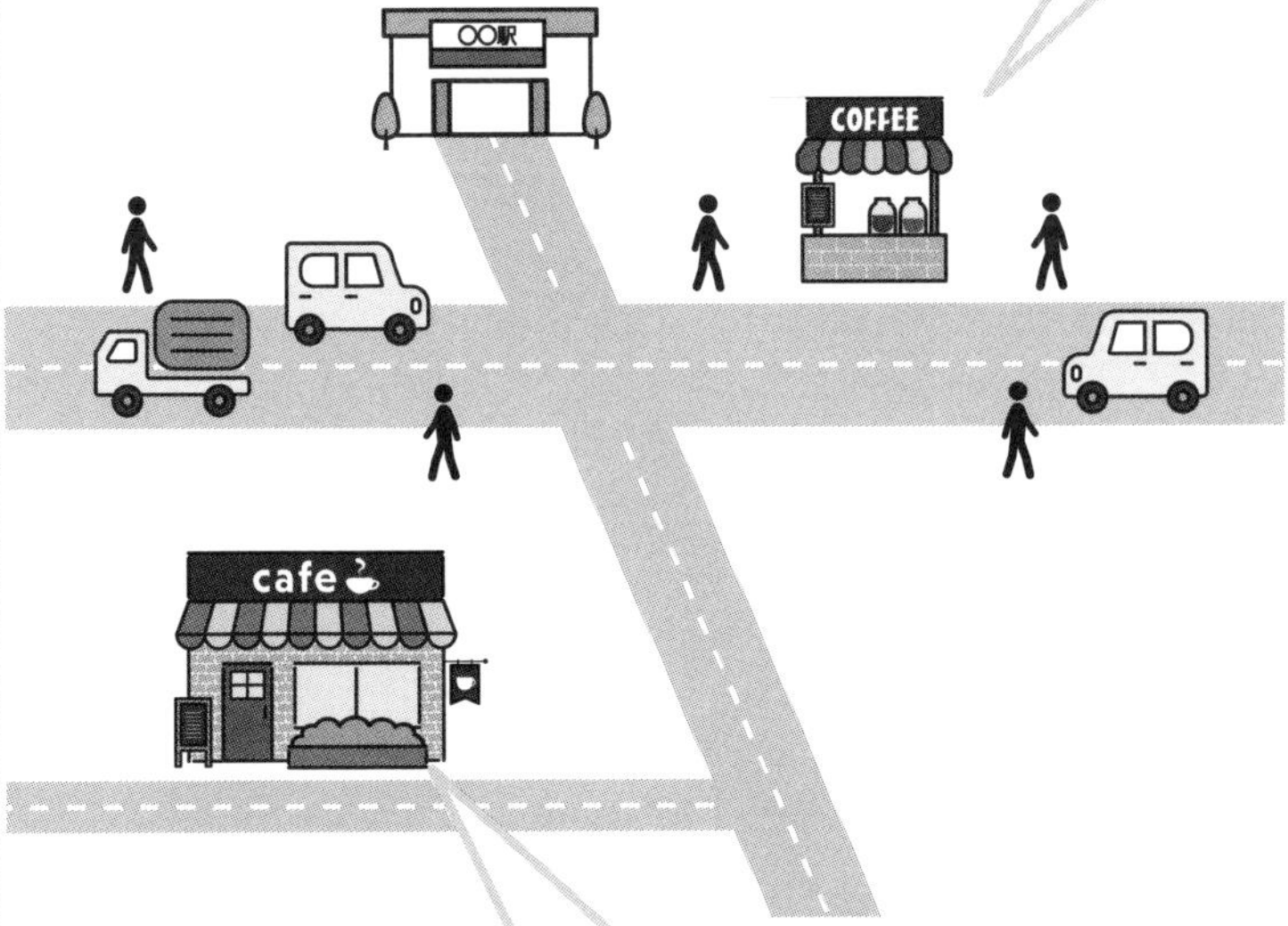

通常のカフェの場合…

客席を確保するためにある程度の坪数が必要。家賃がかかる為、坪単価の低い物件になる。裏通りや建物の2階以上などの集客が難しい立地になりがち。難易度の高い経営を強いられる。

テナント取得費用について

▼見落としがちなテナント取得費用

コーヒー店の開業費用のうちで、一番と言ってもいいくらい大きな割合を占めるものがテナント取得費用です。このテナント取得の初期費用は、**基本的に家賃の10～13倍くらいの費用**がかかります。

- 保証金（家賃の6～10カ月分）
- 礼金（0～2カ月分）
- 仲介手数料（1カ月分）
- 保証会社利用費用（0・5～1カ月分程度）
- 家賃の前払い分（1カ月分）
- 火災保険

保証金は、人気のあるエリア・テナントほど高く設定される傾向があります。しかし、保証金はお店を撤退するときに返却されます。

結果として、家賃20万円のテナントの場合、総額は200～300万円程度になります。この金額をテナントの契約日までに不動産会社に振り込まなければいけません。

融資の申し込み～実際に入金があるまでに、最短で1カ月です。**タイトなスケジュールなため、テナントが見つかった時点で、すぐに融資の申し込みを済ませておきましょう。**

テナント取得費用の計算例

不動産 店舗賃貸物件のご紹介

契約条件

ビル名	渋谷第一ビル	賃料	20万円（税別）
階数・面積	1階11.65坪（38.51m）	共益費	含む
		保証金	10ヶ月
所在地	渋谷区渋谷99-99-99	償却費	相談
		契約期間	定借5年
交通	渋谷駅より徒歩10分	再契約	相談
		礼金	2ヶ月
場所概況	ハチ公口・公園通り	仲介手数料	1ヶ月（家賃）
		造作譲渡費	ー
物件概況	新築スケルトン		※造作譲渡契約手数料5%別途かかります
		業態	飲食可（業態相談）

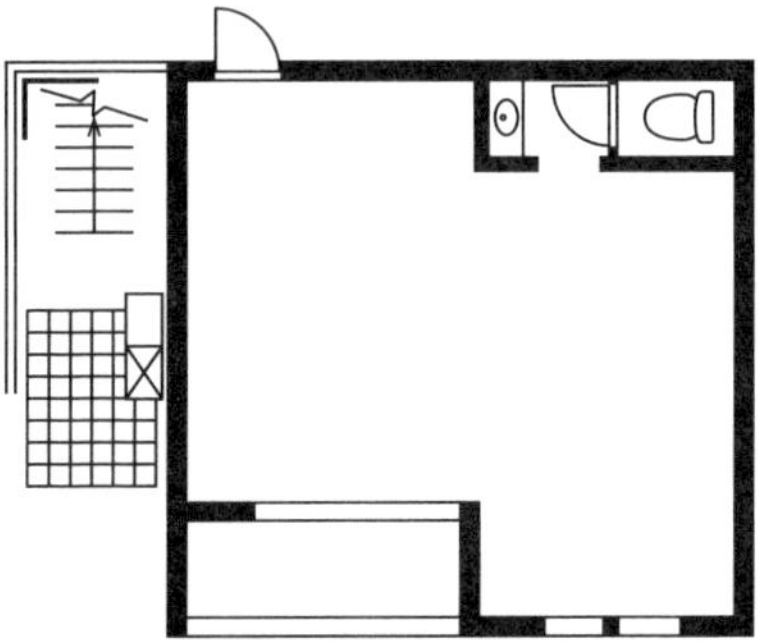

保証金	200万円	（20万円×10ヶ月分）
礼金	44万円	（20万円×2ヶ月分×消費税）
仲介手数料	22万円	（20万円×1ヶ分×消費税）
保証会社利用料	22万円	（2万円×1ヶ月分×消費税）
家賃前払い分	22万円	（20万円×1ヶ月分×消費税）

トータル 310万円

※物件取得費用が最大限かかる事例です。保証金10ヶ月、礼金2ヶ月と、貸し手がかなり強気な物件の例となります。

コーヒー店の間取り・レイアウトの考え方

▼レイアウトの中心を考える

コーヒー店のテナント選びは、「坪単価が高い」「狭い店舗」「家賃が抑えめ」という点をチェックするのがポイントという解説をしました。

少ない坪数で営業するコーヒー店は、店内喫茶で売上をつくるには限界があります。スペースの都合上、客席の数が限られるからです。

そこで、

・テイクアウト
・物販
・食品販売

これらで大きな売上をつくる必要があります。

そうなると、**レイアウトの中心になるのは客席ではなくなります。** 物販や食品販売のディスプレイをレイアウトの中心に考え、目立たせる必要があります。

また、テイクアウトを伸ばすためには、販売カウンターをできるだけ店の入り口に近づけた方がよいでしょう。

具体的に考えてみます。

・雑貨などの物販
・お菓子やコーヒー豆などの食品

これらのディスプレイは、お店の入り口近くに大きくスペースをとって目立つようにディスプレイします。売上をつくりたいもの順に、良い位置で、大きくスペースをとるようにします。

その次に優先度が高いのは、テイクアウト需要を取り込むための販売カウンターの設置。これも入り口にできるだけ近い方が有利です

そして最後に、客席。客席はお店の奥で構いません。目立たない、余ったスペースで客席を設置すればＯＫです。

▼狭い間取りを有効活用する

狭い間取りで大きな売上をつくるため、優先順位を間違えてはいけません。優先順位は次の通りです。

①商品のディスプレイ
②販売カウンター
③客席

そして、その優先順位に基づいたレイアウトの見本を作るとしたら、たとえば次のようになります。

優先順位の高い、物販や食品販売の商品ディスプレイは入り口近くに大きくスペースをとります。その次に、販売カウンター。奥の余ったスペースに、客席を設置します。

ちなみに入り口は開放感があった方がよく、スライドドアがベスト。営業中は開けっ放しにして店への入りやすさを演出します。

コーヒー豆売り店のレイアウト例

店内飲食が売上のメインではない場合、客席は店の奥でよい。

お客様がカウンター内を通らずにトイレに行けるようにする。

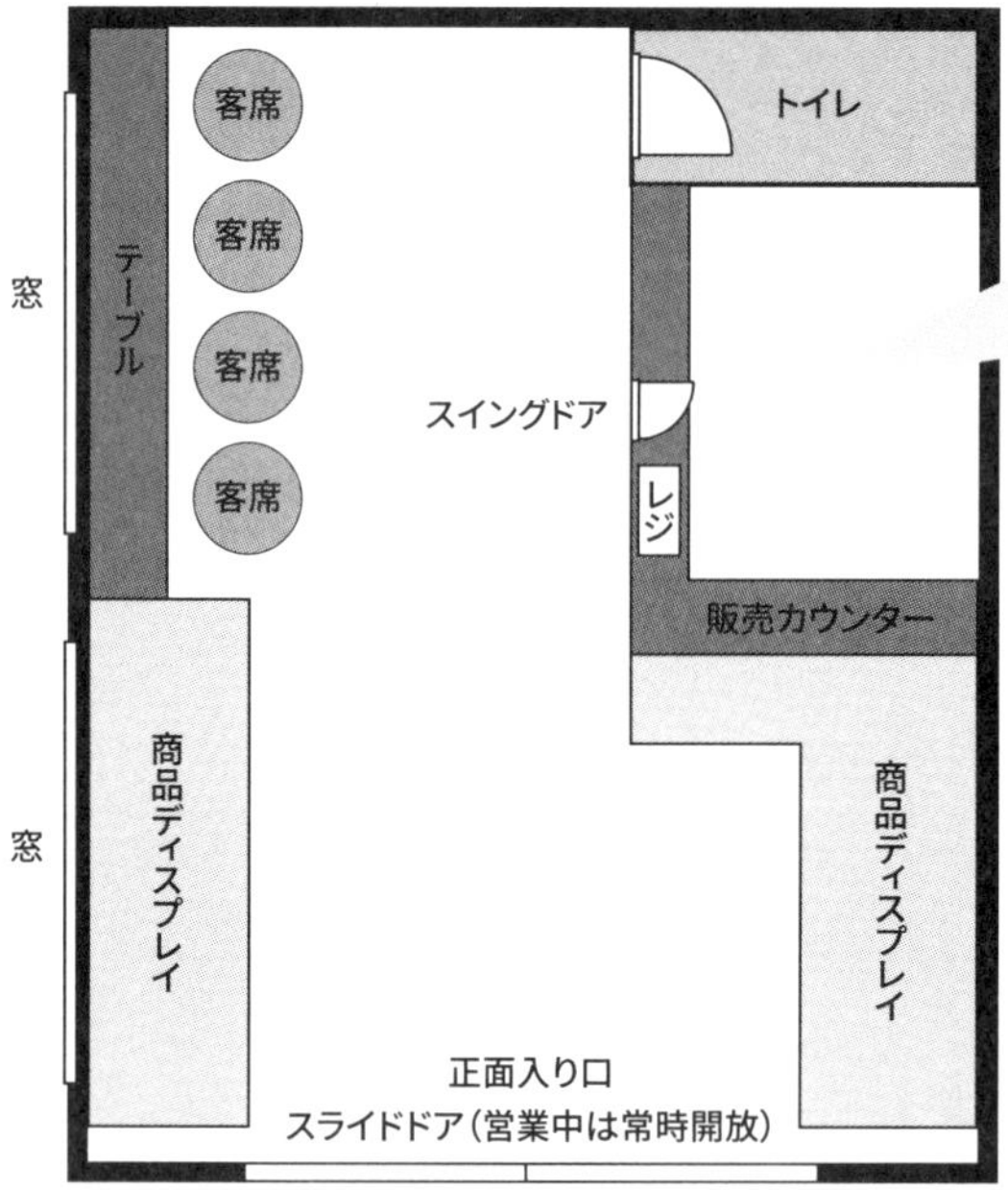

カウンター内はお客様エリアと完全に仕切りで分けられる必要があり、そのためにスイングドアを設置する。

販売カウンターはできるだけ店入り口近くに。テイクアウトの売上がつくりやすい。

入り口はできるだけ開放的なつくりに。開けっぱなしでの営業がベスト。

店内入ってすぐにメイン商材のディスプレイを大きく設置。店外からも見えればベスト。

カウンター内の設備レイアウトの考え方

▼カウンター内の設備は導線に配慮

レジ、冷蔵庫、冷凍庫、製氷機、シンク、コーヒーマシン、コールドドリンクディスペンサー、グラインダーなどのカウンター内設備の配置の考え方は、原則２点あります。

1. よく使うものは使いやすい位置に
2. 同じメニューはなるべく同じ位置で作れるように

最も頻繁に使うものは、レジですよね。基本的に**レジ前にスタンバイすることが多いので、そこを中心に配置を組み立てると考えやすい**です。

例えばアイスコーヒーの提供作業を分解すると、次のような一連の作業が発生します。

①カップを取る
②製氷機から氷を取ってカップに入れる
③コールドドリンクディスペンサーからアイスコーヒーをカップに注ぐ
④（テイクアウトであれば）フタをする

これらの作業を、できるだけ動かずに１箇所で済ませられるように、作業完了時にはレジ近くに来れるように、設備や資材を配置します。

そのためには、レジから遠い順に、

①カップ置き場
②製氷機
③製氷機の上にコールドドリンクディスペンサー
④その隣にフタ（リッド）置き場

とすると、流れがよいです。

さらには、アイスコーヒーを抽出するための大容量コーヒーマシンも、ディスペンサーの近くに設置するとよいでしょう。レイアウトは、こんな考え方で進めていきます。

さらにもうひとつ付け加えるとするならば、2人オペレーションになったときのことも考えます。「レジで接客に1人」「ドリンク作りに1人」という配置にした場合、それぞれの動線が交差しないようにします。

どうしても交差する場合は、交差できるだけのスペースを確保すると良いでしょう。

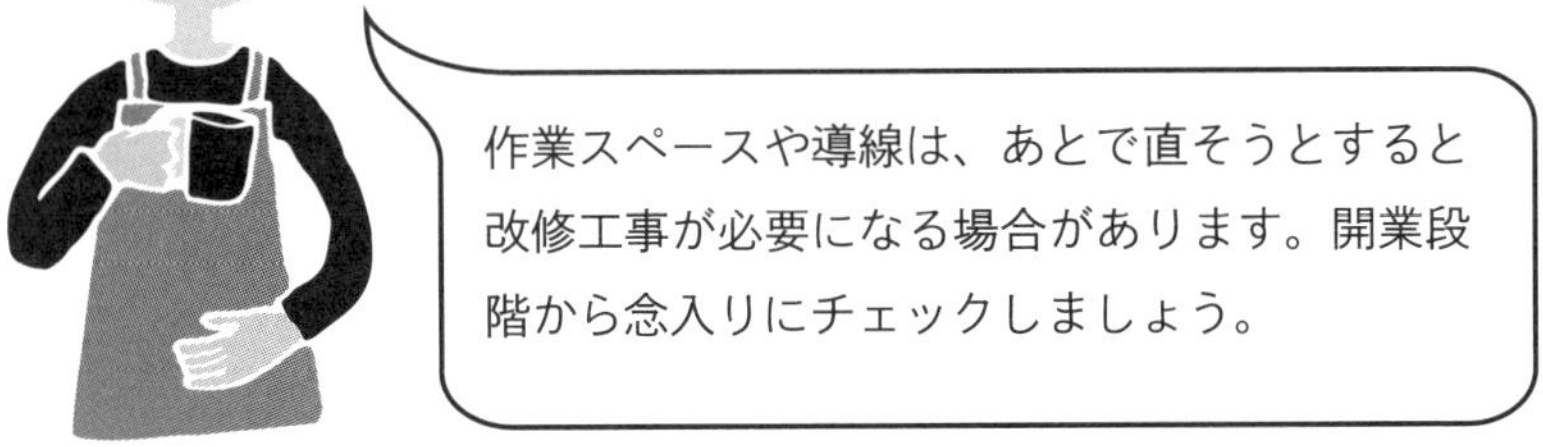
作業スペースや導線は、あとで直そうとすると改修工事が必要になる場合があります。開業段階から念入りにチェックしましょう。

カウンター内レイアウト例

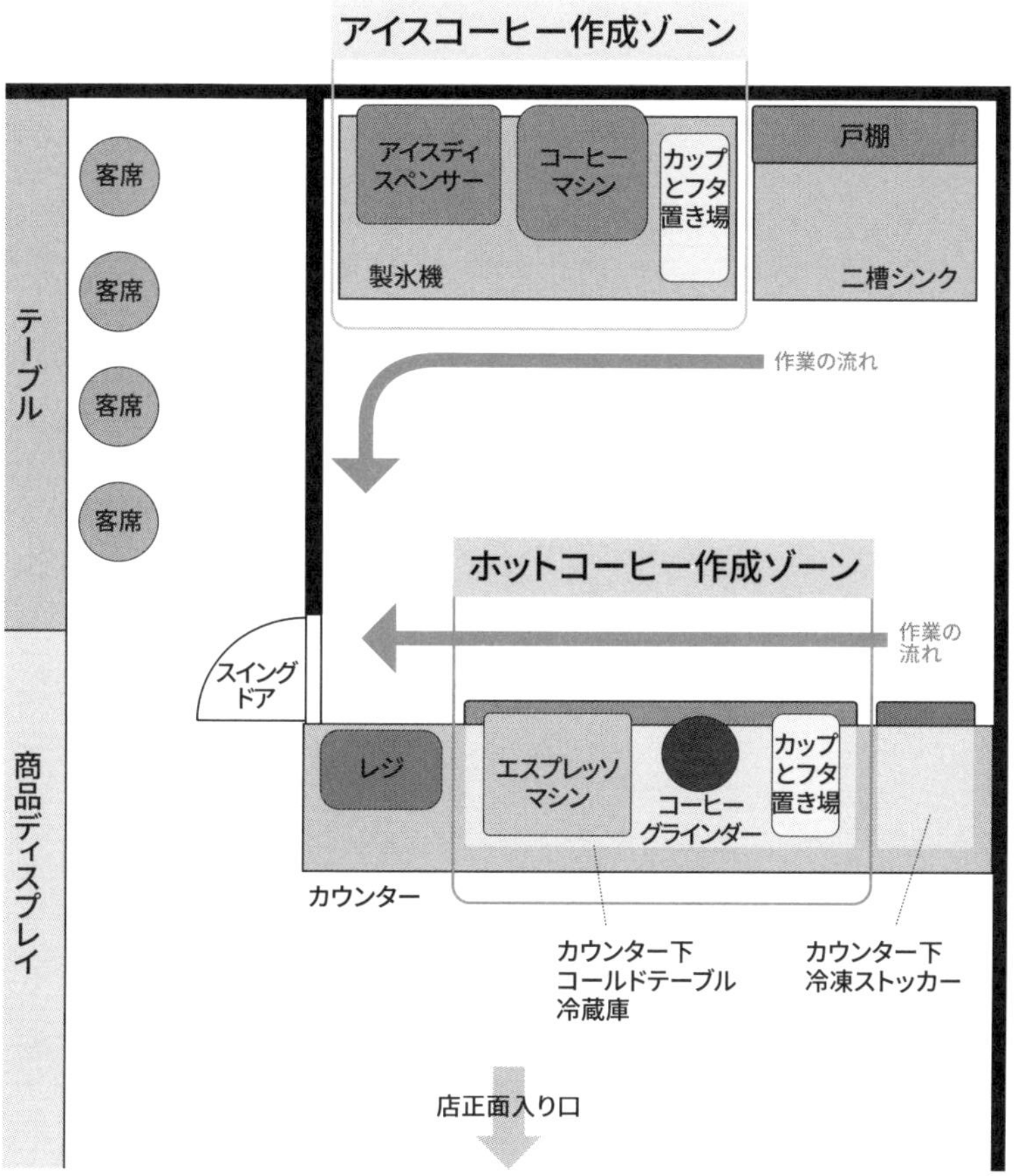
アイスコーヒー作成ゾーン
アイスディスペンサー
コーヒーマシン
カップとフタ置き場
製氷機
戸棚
二槽シンク
客席
客席
客席
客席
テーブル
作業の流れ
ホットコーヒー作成ゾーン
作業の流れ
スイングドア
レジ
エスプレッソマシン
コーヒーグラインダー
カップとフタ置き場
カウンター
カウンター下
コールドテーブル
冷蔵庫
カウンター下
冷凍ストッカー
商品ディスプレイ
店正面入り口

内装工事の費用はいくらかかる？

▼内装費を安く抑える４つのポイント

内装費は、一般的に「坪数×40～60万円」程度になると言われています。すると、例えば８坪のテナントであれば内装費は３２０～４８０万円という計算になります。

内装は多くの費用がかかりがちです。ただし、以下の**４つのポイントを押さえることで、大幅に費用を削減することが可能**です。

①前テナントに残置物の交渉をする
②3社以上から相見積もりをとる
③できるだけ自分で手配する
④家具はヤフオクなどでセミオーダーを活用

①前入居者に残置物の交渉する

前テナントが原状回復する前であれば、使えるものをがあれば残してもらえるように交渉すできます。

・トイレ
・エアコン
・店の入り口ドア
・天井・床・壁
・照明

などなど、使えそうなものがあれば、できるだけ残してもらいます。上手く残してもらえると、内装費を１００万円以上削減する効果が出る

前テナントの残置物で狙うべきポイント

通常、前テナントは撤退時にスケルトンの状態まで戻さなくてはいけないが、その工事前に交渉して必要なものを残してもらうことが可能な場合がある。

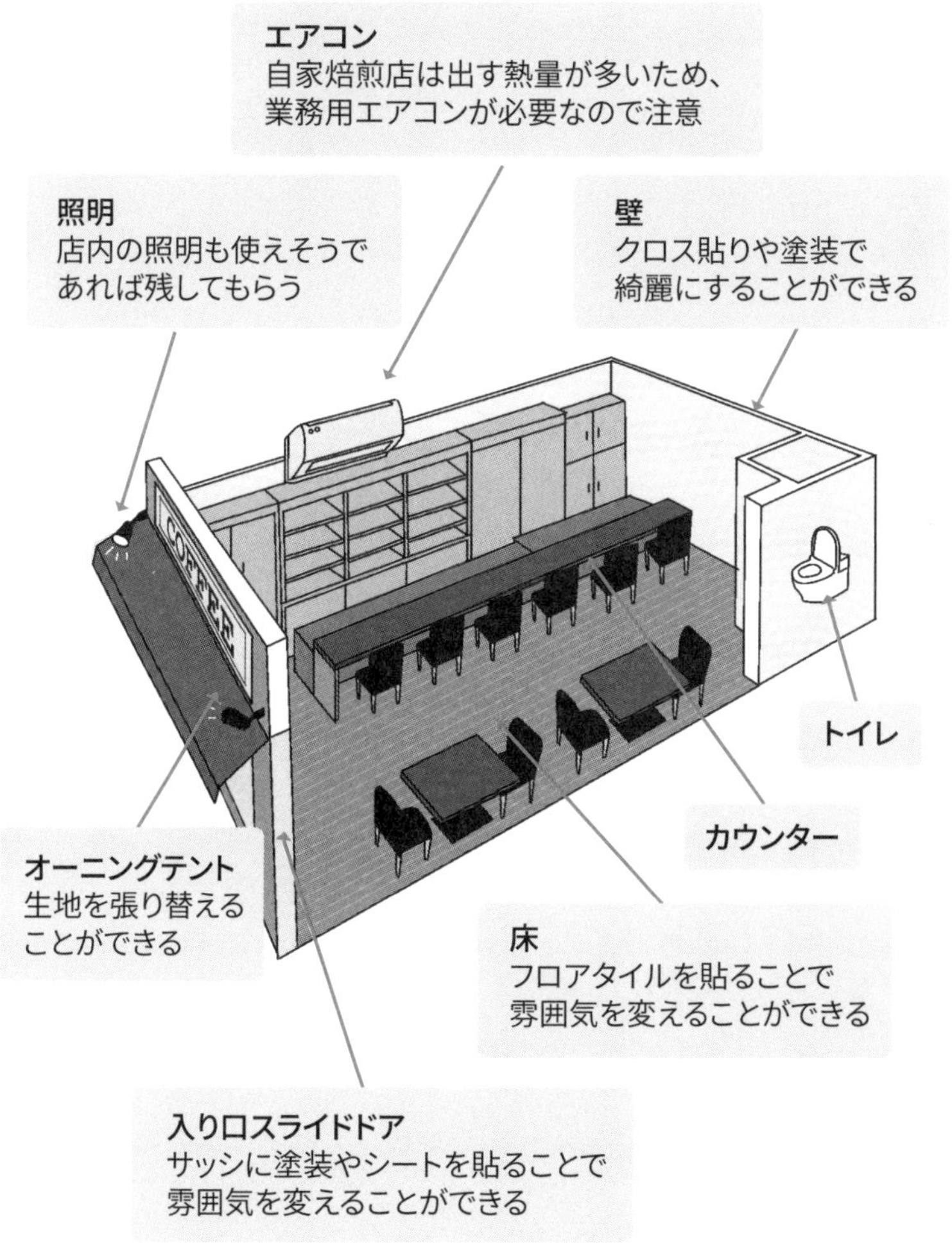
エアコン
自家焙煎店は出す熱量が多いため、
業務用エアコンが必要なので注意
照明
店内の照明も使えそうで
あれば残してもらう
壁
クロス貼りや塗装で
綺麗にすることができる
COFFEE
トイレ
カウンター
オーニングテント
生地を張り替える
ことができる
床
フロアタイルを貼ることで
雰囲気を変えることができる
入り口スライドドア
サッシに塗装やシートを貼ることで
雰囲気を変えることができる

ケースも多いです。

ただし、テーブルやカウンター、製氷機や冷蔵庫など、家具類や厨房設備まで引き取る場合は、お金の支払いを要求される場合も多いです。

②内装業者から相見積もりをとる

内装業者さんは、3社くらいに声をかけて概算見積もりを出してもらいましょう。概算見積もりを見比べ、1社に決定した後に正式な見積もりを出してもらいます。

見積もりを依頼する手順としては、次の通りです。

①店内のレイアウトを考え、手書きでよいので図面にする
②厨房設備や機材の配置も、図面に盛り込む
③使用する設備や機材の一覧表を作る（できれば承認図も取り寄せる）
④電源や照明、上下水の接続の有無も図面に盛り込む
⑤内装業者さんと現地で打ち合わせる
⑥やって欲しいことを図面をもとに細かく伝える

そして最後に、予算を伝えます。

3社それぞれに概算見積もりを提示してもらい、そのうち条件の良い1社を選び、正式な見積もりを依頼します。

コツとしては、**やって欲しいことを細かく全て伝え、その後に希望の金額を伝えましょう。**

希望予算を伝えることは重要です。こうすることによって、内装業者さんの言いなりになるのを予防できるからです。**多少厳しめの予算金額を伝えて、内装業者さんが知恵を振り絞って、なんとかやりくりしてくれるように仕向けると**

内装打ち合わせに用意する書類

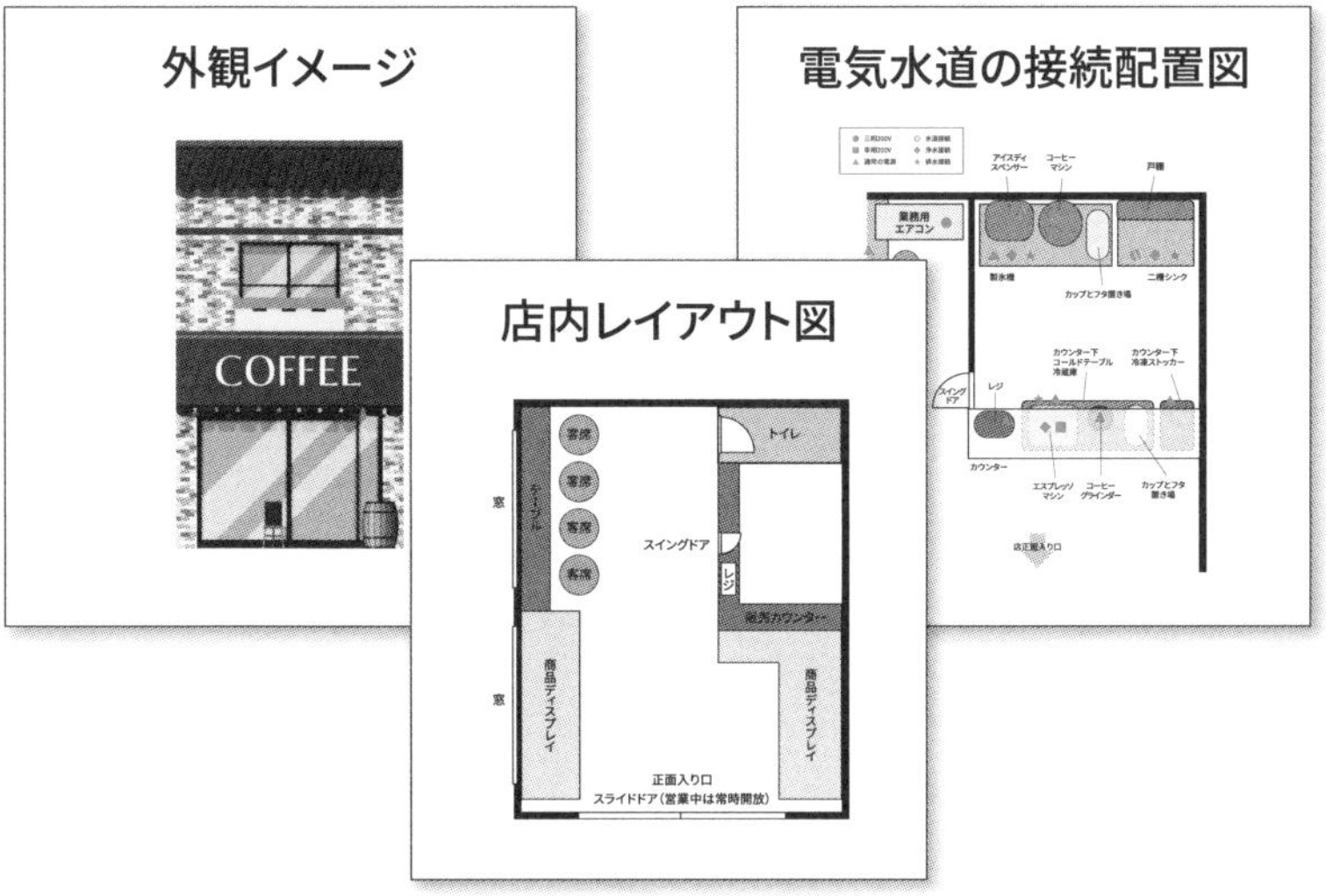

全て手書きでOK　分かる範囲でOK

厨房設備一覧表

項目	機器名	型式	電源	サイズ
グラインダー	ディッティング	KR-805	100V / 400W（50 / 60Hz）	幅 165 × 奥行 225 × 高さ 480mm
製氷機	65 kg製氷機（キューブタイプ）	IM-65TM-2	単相 100V 50 / 60Hz 0.82kVA（8.2A）	幅 800 × 奥行 525 × 高さ 800mm
冷蔵庫	業務用冷凍冷蔵庫（G タイプ）	RT-120SNG-1	単相 100V 50 / 60Hz 0.43kVA（4.3A）	幅 1200 × 奥行 600 × 高さ 800mm
アイスコーヒーディスペンサー	コールドドリンクディスペンサー	DIC-10A-P	単相 100V 50 / 60Hz 0.52kVA（5.2A）	幅 400 × 奥行 580 × 高さ 650mm
エスプレッソマシン	ラ・マルゾッコ	Linea mini comparison	単相 100V 50 / 60Hz 1450W	――
グラインダー（エスプレッソ用）	ラ・マルゾッコ	Lux D	単相 100V 50 / 60Hz 1000W	――
コーヒーブルワー	ブルーマチック　C 22	C22 Thermo Brewer	単相 200V 3950W 19.75A	幅 260 × 奥行 580 × 高さ 765mm
コーヒーマシン	カリタ業務用コーヒーマシン	ET-450N	単相 200V 3950W 18.25A	幅 336 × 奥行 533 × 高さ 464mm
冷凍庫	冷凍ストッカー	PF-120XG	単相 100V 50 / 60Hz 運転時:100V:59 / 67W	幅 696 × 奥行 458 × 高さ 915mm
レジ	レジスター	SR-S200	AC100V 50/60Hz 最大 5.5W	幅 330 × 奥行 360 × 高さ 198mm
冷蔵ケース（ケーキ用）	業務用卓上冷蔵ショーケース 120L	HJR-UTK120	100 V（AC）	幅 702 × 奥行 568 × 高さ 686mm
オーブンレンジ	スチーム　オーブンレンジ	ER-SD70	電子レンジ 1430W（14.6A）ヒーター加熱 1350W（13.5A）	幅 480 × 奥行 390 × 高さ 350mm

仮決めでも良いので型式・電源・サイズも調べておく

良いでしょう。

向こうもプロです。工事のプロでもありますが、見積もりの出し方のプロでもあります。見積もりは多くの項目が記載され、分かりにくいように中間コストが上乗せされています。

分からないからといって**内装業者さんの言いなりになるのではなく、やって欲しいことと希望予算をきっちり勇気を出して伝えましょう。**予算内で、できる限りのことをやる工夫や努力をしてくれる良心的な内装業者さんは探せば必ず見つかります。

③できるだけ自分で手配する

実は、小さなコーヒー店の内装くらい、内装屋さんなどにデザインや設計をお願いしなくても、自分でなんとかできます。

自分で手書きでよいのでイメージを描き、内装業者さんの役割をこなすことは十分に可能です。その場合、各職人さんを直接手配して、直接打ち合わせをしながら内装を進めることになります。

電気は電気工事店。ガスは地域のガス会社。水道は水道工事業者。外装・内装はリフォーム業者。家具類はインターネットで外注。その他にも、オーニングテント屋さんや看板屋さんなど、自分で手配することができます。インターネットでググればすぐに出ますし、クラフトバンクという各分野の業者さんを探せる便利なサイトもあります。

各業者もプロのため、やりたいことを伝えれば、細かい設計図など無くても分かってくれます。やり方は私のブログでも解説してますので、もしよかったら覗いてみてください。

特に、内装業者さんを利用せずに、リフォー

水道・電気の接続図

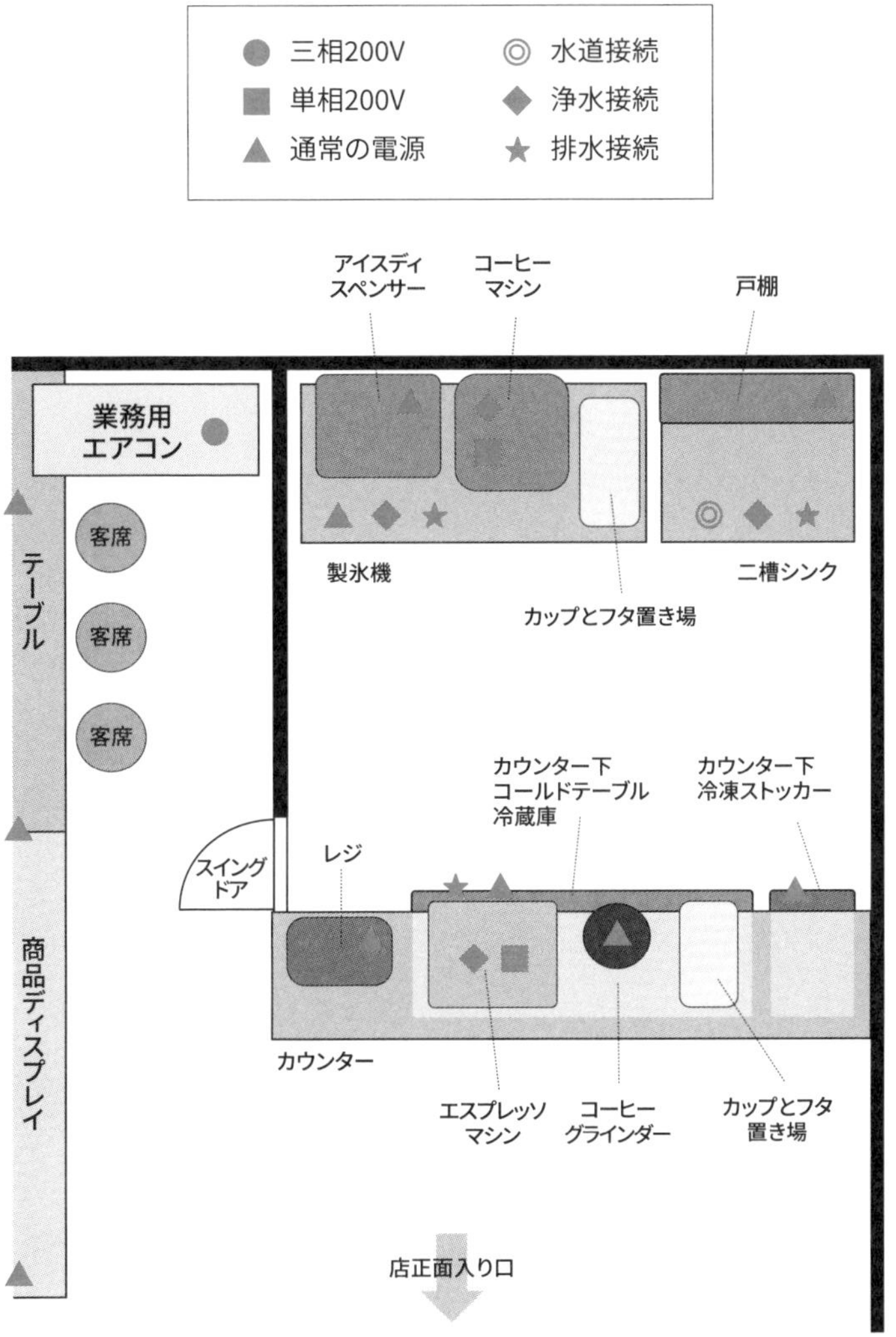

三相200V
単相200V
通常の電源
水道接続
浄水接続
排水接続
アイスディスペンサー
コーヒーマシン
戸棚
業務用エアコン
客席
客席
客席
テーブル
製氷機
二槽シンク
カップとフタ置き場
カウンター下コールドテーブル冷蔵庫
カウンター下冷凍ストッカー
スイングドア
レジ
商品ディスプレイ
カウンター
エスプレッソマシン
コーヒーグラインダー
カップとフタ置き場
店正面入り口

ム業者さんに内装・外装をお願いする方法は、おすすめです。**自分で簡単な設計を考える必要はありますが、その分、内装費用を安く済ませることができます。**

④家具類はヤフオクを活用

レジカウンターや客席、ディスプレイ用の棚など、内装業者に丸投げして職人さんに作成をお願いすると高くつきます。

そこで、ヤフオクやCreemaといったサイトを利用します。個人の家具職人さんが出品しており、セミオーダーの注文を受けてくれるからです。サイズやカラーなど、要望を細かく聞いてくれます。配送料はかかりますが、それでも断然こちらの方が安く済みます。

内装工事の見積依頼〜工事完了までの流れ

▼内装工事までの流れ

内装工事の流れとしては、次のようなものになります。

①打ち合わせ
②概算見積もりの提示
③正式な見積もり依頼
④正式な見積もり提示
⑤発注（契約）
⑥工事開始
⑦工事完了・引き渡し

発注時に、前金で総額の数十％の費用を事前に支払うケースが多いかと思います。

概算見積もりを何のために行うかというと、相見積もりをとって業者の費用を比較するためです。数社に概算見積もりを依頼してみて、各社の費用感を探り、発注先を決定します。

そこから正式な見積もり依頼です。これは細かい部分まで詰めて打ち合わせを行い、正確な請求金額を出してもらいます。この詳細な見積もりが出てくるのは短くて２週間程度かかります。

見積もりが出てきたら内容を精査し、正式な発注をします。

- 依頼から見積もりが出るまで2週間
- 検討期間に1週間

・発注から工事開始まで2週間
・工事開始から完了まで2週間

このような感じで、**順調にいって合計7週間程度はかかります。**

見積もりはすぐに出てこないですし、発注したからといって工事もすぐには開始しないんですね。業者さんにも手配や準備の期間が必要だからです。

ただし、始まってしまえば、工事自体はすぐに終わってしまいます。小さなテナントなら2週間かからないケースも多いかと思います。

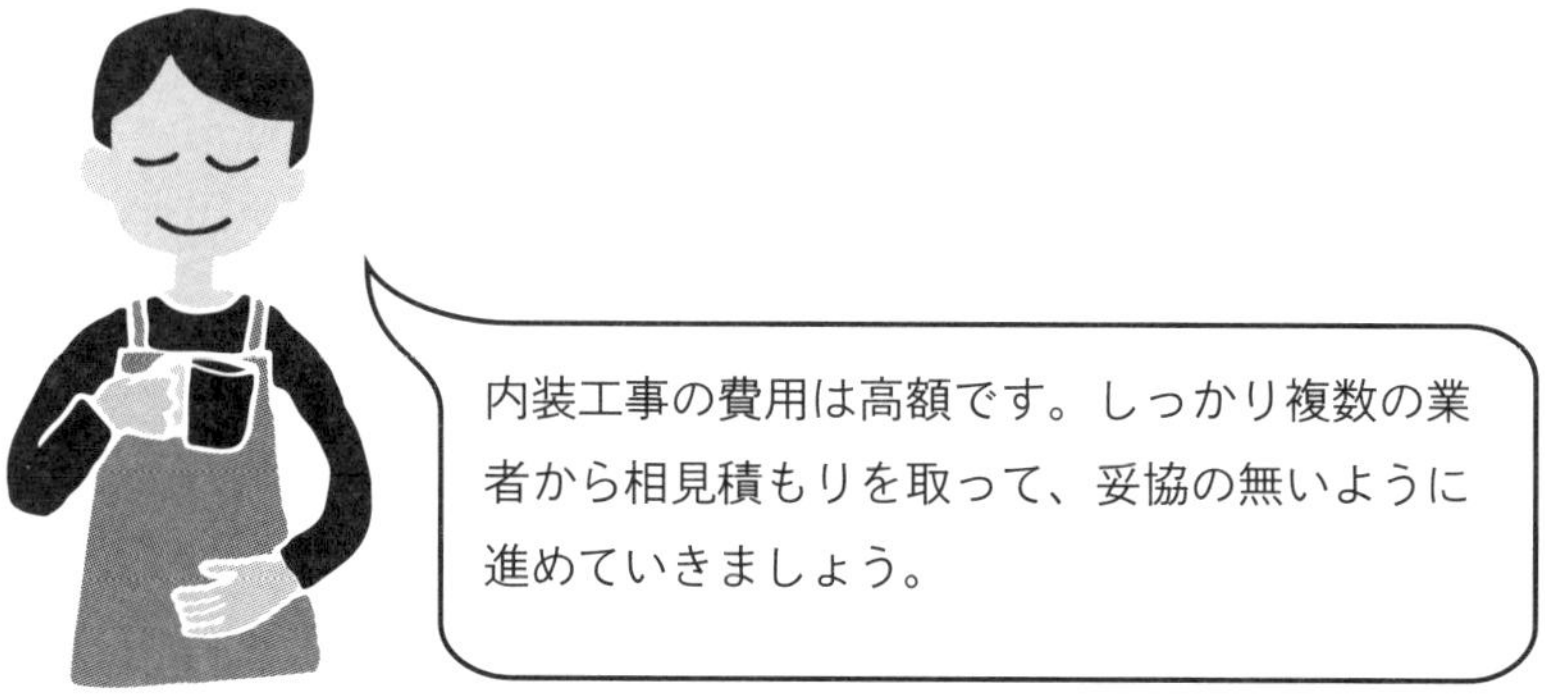
内装工事の費用は高額です。しっかり複数の業者から相見積もりを取って、妥協の無いように進めていきましょう。

コーヒー焙煎機設置の注意点

▼排煙や匂いには細心の注意を払う

コーヒーの焙煎機の設置において、気を付けるべきポイントは次の通りです。

- 排煙はいくつかの決まりごとを守る必要がある
- 煙や匂いへの苦情は、テナントの立地による
- 煙は、アフターバーナーや消煙機で対策できる
- 消防署への対応は、建物や焙煎機による

ちなみに、ガス火の焙煎機でも、電気が動力の焙煎機でも、結論は同じです。

自家焙煎店やコーヒーショップで**一番怖い事故は、火事**です。恐ろしいことに、自家焙煎店がボヤ騒ぎを起こすことは、まれにありますし、私もよく聞きます。この部分の対策は、万全にとりたいところです。

最低でも、

- 焙煎機の周辺には燃えるものを置かない
- ダクトの掃除はこまめにする
- 消火器を購入して使う訓練もしておく

このくらいの対策はしておきましょう。

また、この本で書かれている情報だけに頼らず、必ず最寄りの消防署まで相談に行き、必要な手続きや対応など、細かい部分まで確認しながら進めてください。

焙煎の排煙のやり方

▼ダクト設置の5つの注意点

焙煎機から出る煙を店外まで通す管のことを「ダクト」と言います。ダクトの設置の注意点は5つあります。

①できるだけ短くなるように

ダクトの中の煙の抜けが悪いと、焙煎の温度が早く上がりすぎたり、スモーキーな風味になったり、焙煎へ悪影響があります。そのため、できるだけダクトを短くできるように、焙煎機は排気口の近くに設置するようにします。

②できるだけ直線になるように

ダクトが急カーブで曲がっていたりすると、詰まりの原因になります。なるべく直線にできるように焙煎機の位置を設定しましょう。

③取り外しやすいように

ダクトの中は徐々に詰まってきます。煙の中に含まれる油脂成分などが付着し堆積するためです。数カ月に一度は中を掃除する必要があります。そのため、ダクト自体を取り外しができるように設置する必要があります。

④周囲に可燃物を置かない

ダクトの近く10cm以内に可燃物を置かないようにします。壁や棚などがどうしても近くなってしまうことがありますが、その場合は防火対

焙煎機設置の注意点

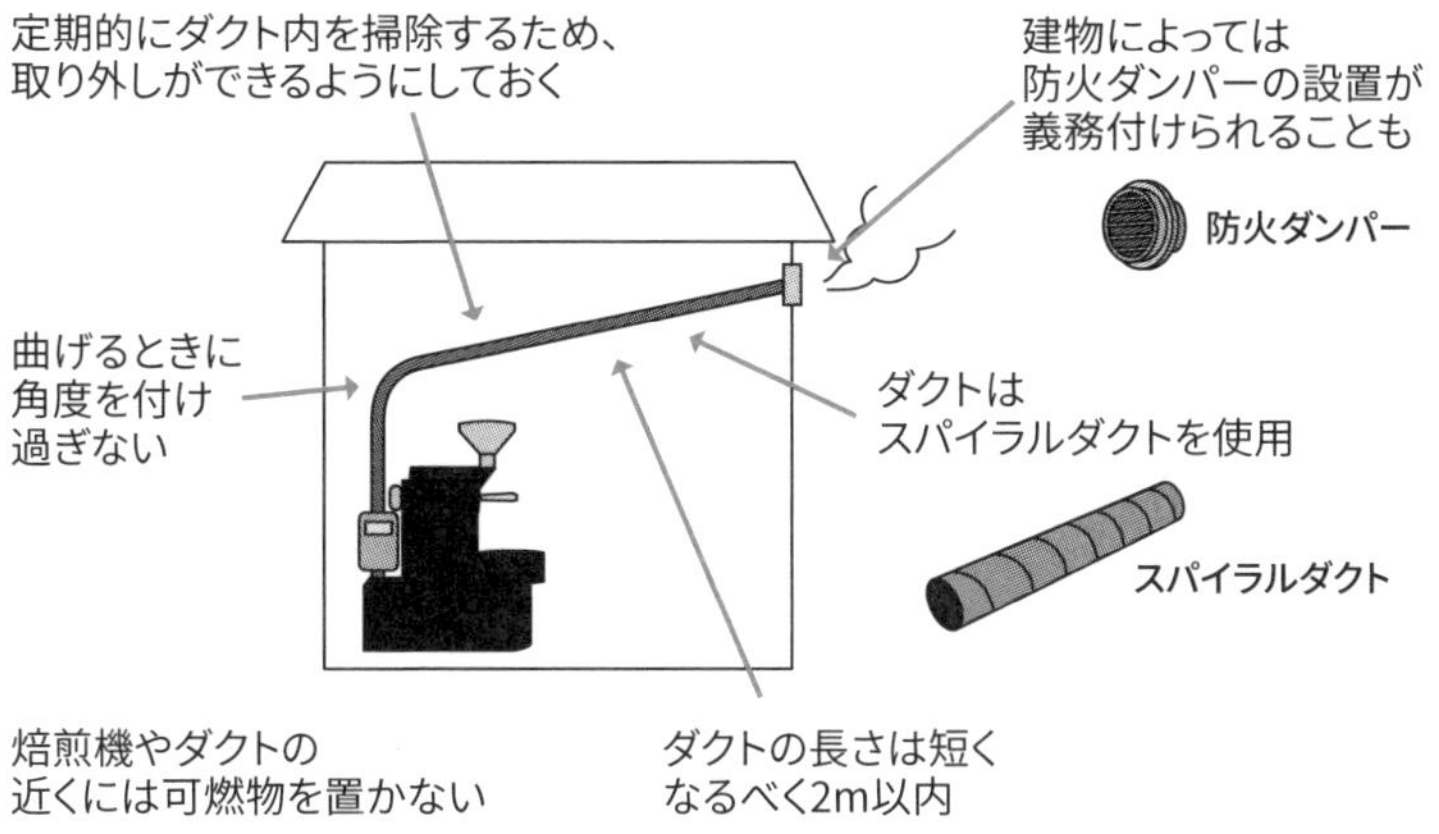
定期的にダクト内を掃除するため、
取り外しができるようにしておく
建物によっては
防火ダンパーの設置が
義務付けられることも
防火ダンパー
曲げるときに
角度を付け
過ぎない
ダクトは
スパイラルダクトを使用
スパイラルダクト
焙煎機やダクトの
近くには可燃物を置かない
ダクトの長さは短く
なるべく2m以内

策の断熱材をダクトに巻くことで対応します。

⑤スパイラルダクトを使用する

ダクトは、フレキシブル（ジャバラタイプ）ダクトの方が軽くて設置しやすく、しかも安いです。使い捨てのように使用することができて、非常に便利です。

しかし、自治体によっては防火上の理由からフレキシブルダクトは使用禁止となっています。最寄りの消防署に確認をとりましょう。ちなみに東京では全面的に使用禁止。スパイラルダクトの使用が義務となります。

ちなみにダクトの直径は10㎝以内のものを使用します。それ以上の口径を使う場合、建物の外側に通すときに防火対策が必要となり、防火ダンパーの設置が義務付けられるケースがあります。

コーヒー焙煎の匂いや煙は近所迷惑か？

▼焙煎の匂いに配慮する

まずは一番気になる、焙煎時の煙や匂いに対する、ご近所からの苦情やクレームですね。

これはケースバイケースです。住宅地の真っ只中ではさすがに厳しいですが、商業地域であればほぼ大丈夫。クレームになることは少ないでしょう。ただし、**アパレルのお店など商品に匂いが付くことを嫌うお店もあります。そのようなお店が隣接するテナントは避けた方が無難です。**

しかし実は、匂いや煙が出るのは焙煎中の後半3~5分程度。だから、1日のうちで煙や匂いが出るのはごく短時間です。焙煎する時間帯を工夫するなど対策がとれる場合もあります。

▼地域とのコミュニケーションを徹底

焙煎機は、使う人にとっても、それを目にする人にとっても、「不安」を感じさせる設備です。私の肌感覚として小型の焙煎機ならば煙対策無しで問題はありません。近隣からも苦情の声ではなく、良い香りだと歓迎される声を受ける確率の方が高いです。

私の今までの経験では、コーヒー焙煎で近所迷惑になることは、ほとんど無かったです。そして、**その最大の要因は「コミュニケーションをこまめにとること」**だったかと思います。

商業地で業務用の焙煎機を使用する場合は、このコミュニケーションを徹底します。近隣の方と、日ごろ顔を合わせたときに「焙煎の匂い、大丈夫でしょうか？」と声をかけることによって、そのコミュニケーション自体が緩衝材になります。近隣のテナントさんには開業前に挨拶に伺い、開業後も匂いなどの感想を聞きに行きます。

苦情が来てからでは遅いです。その前に、こちらから何度も行きましょう。

匂いを気にされるテナントさんがいたら、

- **焙煎時間を調節する**
- **ダクトで排気する方向を変える**

などの対策をとります。

人は慣れるものです。そうこうしているウチに、神経質な方でも、匂いに慣れて気にならなくなる方も多いです。

このようにコミュニケーションを密にすることによって、感情がこじれることなく済み、やがて問題が問題では無くなっていきます。

そのため、コーヒーの焙煎の近所迷惑になる原因は、匂いや煙の強さよりも「コミュニケーションの欠如」かと思います。

ここを逃げずに正面から取り組めば、アフターバーナーなどの設置まで追い込まれることは、ほぼ無くなるかと思います。

煙・匂いを抑える対策とは？

▼煙・匂い対策に有効な装置

煙や匂いの苦情への根本的な対策とは、**「アフターバーナー」か「消煙機」のどちらかの装置を設置すること**です。この装置があることによって、煙も匂いもかなり緩和されます。そのため、最初から保険をかけて、これら装置を置けるスペースを確保しておくと安心です。

ちなみにアフターバーナーとは、高温によって煙と匂いを燃焼させる装置です。電気とガスを使用します。スリムなタイプのアフターバーナーなら狭い場所でも設置できます。

消煙機とはその名の通り、煙を消すマシンです。石灰を付着させた布フィルターを通すことによって煙と匂いを防ぎます。火を使わないので、商業施設内でも設置が可能です。フジローヤルが「ノンスモークフィルター」という装置を販売しています。

このように対策は可能ですが、**焙煎時に出る「独特の甘く強いコーヒーの香り」は、強い集客効果があります。**そのため、なるべくは煙対策の装置は使いたくないものです。

折衷案として、焼肉屋さんなどで使用されている消煙フィルターの装置を使用することも有効です。完全に煙と匂いを消すことはできませんが、ある程度は抑えることができます。近隣に迷惑をかけることも少なくなり、香りによる集客効果も諦めずに済む、というわけです。

焙煎時の煙と匂いの対策

アフターバーナー

高温のガス火で煙を燃焼させる装置。
燃焼温度は調節可能で、高温であれば煙と匂いが高い割合で消える。
メンテナンスも容易。

デメリットとしては、
・ガス代がかかる
・操作、調整に慣れが必要
・排気が高温になる（100度近くになることも）

ノンスモークフィルター

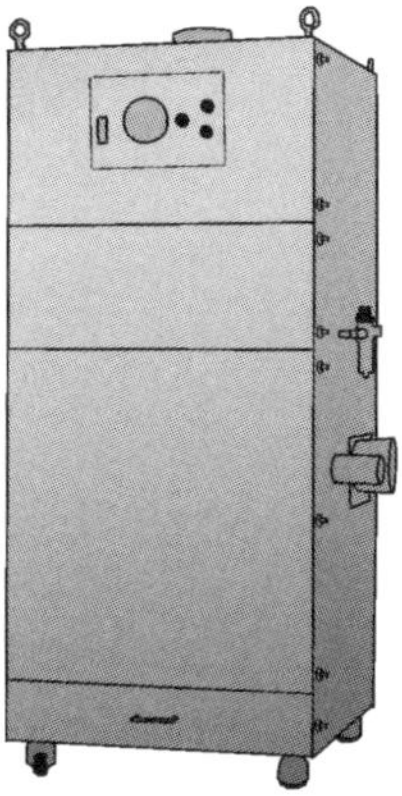

布フィルターに石灰を付着させ、そこに煙を通すことで消煙・消臭する装置。
煙はほぼ消すことができ、匂いもある程度低減できる。
操作不要で扱いは簡単。
排気温度も低く、安全。

デメリットとしては、
・業務用電源(三相200V)が必要
・メンテナンスに手間がかかる
・駆動音がややうるさい

焙煎機設置の行政への対応

▼保健所への対応について

保険所の方が焙煎機のことを気にするケースはあまりありません。

ただし、飲食店営業許可の取得のためには、保健所の検査を受ける必要があります。そのときに、担当者によりますが、焙煎機もチェックされる場合があります。

基本的に、食品の製造はカウンター内で完結しなければなりません。そして焙煎も製造の一部と見做されます。

そのため、焙煎機の設置箇所はカウンター内にしなさい、という指導を受ける場合があります。

▼消防署への届出について

焙煎機の設置において、消防署に届出が必要かというと、これは建物の規模によります。

建物内に他の入居者が多数いるような規模感の建物では、消防法上、「防火対象物使用開始届出書」と「防火対象物工事計画届出書」の2つの届出が必要になります。これは、焙煎機設置をする、しないにかかわらず提出が必要です。まずは最寄りの消防署に確認しましょう。書式はインターネット上からダウンロードできます。

内装のレイアウト図が完成した段階で消防署には行きましょう。ダクトの設置の注意点など、消防法に則った設置方法を教えてくれます。

焙煎機設置の消防署対応

この2つは工事前に
同時に持っていく

防火対象物工事計画届出書

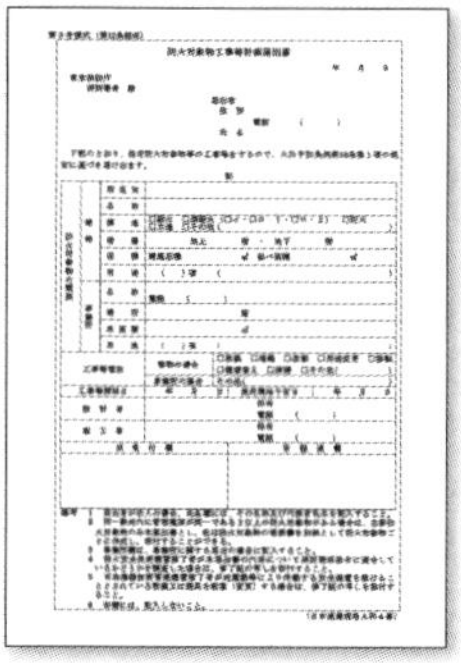

※工事開始7日前までに届けること。内装工事業者さんに提出をお願いしても良い。

店内レイアウト図

※焙煎機とダクトの経路を記載すること。

防火対象物使用開始届出書

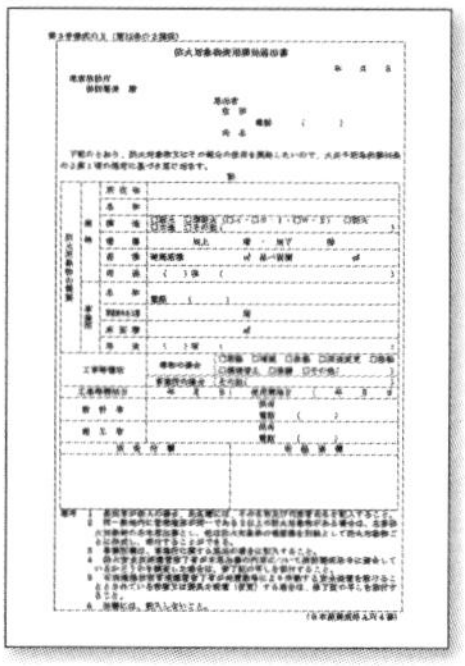

※営業開始1週間前までには届けること。

書式は消防庁のHPから
ダウンロードできる

小型の焙煎機であれば「火器使用」にはあたらないそうで、部屋全体を不燃材で造作しなさい、煙突を設置しなさい、などと言われることはありません。ガスの火力が12キロワット以下のものであれば火気使用には当たらないとのことです。

ちなみに、大体の焙煎機の火力はキロカロリー（kcal）で表されています。そこで、キロカロリーに１・１６をかけると、大体のキロワット数が出ます。小型の焙煎機だと４０００〜５０００キロカロリーくらいなので、余裕でクリアです。

ただし、管轄の消防署によっては、焙煎機台は不燃の材料にする、焙煎機の近くには可燃物は置かない、など細かい指導が入る場合もあります。

細かくチェックされるところは、やはり排煙の部分です。

ダクトの直径、ダクトを店外に出す位置、ダクトの材質、ダクトの近くに可燃物は無いか、排煙の温度は何度か、などがチェックされるポイントとなります。

工事開始前に消防署に訪問し、これらのことを相談しておけば万全です。

第6章

仕入れ・設備の選び方

コーヒー店開業に必要な機材・設備

▼開業時に必要な設備リスト

こちらの章では、自家焙煎コーヒー店に必要な機材・設備一覧と、その概算の値段、購入方法、また原材料などの仕入れ方法ついても解説します。

コーヒー店開業に使う機材・設備をリストアップすると、大体は、こんな感じでしょうか？（次頁参照）

お店によっては、エスプレッソマシンを使わない、焙煎機はいらない、グラインダーは２台使いたい、コーヒーマシンも２種類欲しい、などなど、色々と変更するポイントはあるかと思います。

開業費用において、テナント取得費・内装費に次いで高額なものは、設備費です。

焙煎機・エスプレッソマシンがやはり高額で、購入してそろえるとなると、トータルの設備費は軽く３００万円をオーバーするでしょう。もしその２つが無かったとしても、設備費は最低でも１５０万円以上はかかるケースがほとんどです。

そこで、設備やマシン類は、できるだけ中古で購入することで対策をします。中古市場には大手メーカーの信頼性高い設備が安く流通しています。これを利用しない手はありません。

コーヒー店に必要な機材・設備類

1	冷蔵庫	庫内の温度が分かる温度計が付いたもの
2	冷凍庫	冷凍ストッカーでもよい。スイーツなどの保存に使用
3	製氷機	小さい店舗なら45Kgタイプ以下で充分
4	コーヒーマシン	お店のスタイルでタイプを決める
5	コーヒーグラインダー	エスプレッソには専用のグラインダーが必要
6	コールドドリンクディスペンサー	アイスコーヒーを冷やして保存するマシン
7	浄水器	製氷機やエスプレッソマシンに必要
8	給湯器	洗い物は多くないので最低限のものでＯＫ
9	シンク	保健所の定める規定サイズがあるので注意
10	手洗い器	保健所の定める規定サイズがあるので注意
11	コーヒー焙煎機	コーヒー豆売りに注力するのであれば必須
12	エスプレッソマシン	ラテが作れるためドリンクの平均単価アップ
13	ミルクフォーマー	カフェオレを作るのに必要（エスプレッソマシンがない場合）
14	カップウォーマー	テイクアウト主体の店であれば不要
15	食洗器	洗い物の少ないテイクアウト主体の店であれば不要
16	レジスター	キャッシュレス端末も導入必須
17	シーラー	熱処理で袋に封をするマシン
18	掃除機	コードレスタイプがおすすめ
19	戸棚	飲食店営業許可取得には必須
20	業務用エアコン	小さい店でも３馬力は欲しい

厨房設備や機材の購入費用について

▼中古品をうまく活用する

コーヒーショップ開業では、焙煎機含めた機材の購入費には、通常250~500万円程度を見込みます。しかし、**上手に中古品を購入すれば、驚くほどコストを安く抑えることができます。**

各機材を新品の価格する場合の価格は以下の通りです。

- 冷蔵庫　20~50万円
- 冷凍庫　5~20万円
- 製氷機　30~50万円
- 給湯器　5~10万円
- 流し（シンク）　4~8万円
- 浄水器　3~10万円
- 業務用エアコン　30~45万円
- コーヒーマシン　20~50万円
- コールドドリンクディスペンサー　10~20万円
- コーヒーグラインダー　5~50万円
- コーヒー焙煎機　50~350万円
- エスプレッソマシン（1グループ）　50万円~

以上が主な厨房設備・機材の価格です。ただし、これだとお金がかかり過ぎです。そこで、できるだけ中古を購入します。

- 冷蔵庫　5~10万円
- 冷凍庫　2~10万円

- 製氷機　5〜15万円
- コーヒーマシン　3〜15万円
- コールドドリンクディスペンサー　5〜8万円
- コーヒーグラインダー　3〜15万円
- コーヒー焙煎機　50〜100万円
- エスプレッソマシン　20〜30万円

※コーヒー焙煎機と業務用エスプレッソマシンの中古は数が少なく、相場は目安です。市場に出回っていれば「もうけもの」です。

このようにコストを抑えることができます。値段の高いものほど、中古で購入する価格面のメリットが大きいです。値段が5分の1とか、下手すると10分の1程度にもなるマシンや設備もあります。

確かに中古の場合は故障や不具合のリスクはあります。しかし、例えばホシザキのような大手メーカーであれば、中古であってもお金を払えばメンテナンス可能です。

そのため、中古で買うべき設備やマシンは「大手メーカー製で、高価な設備やマシン」ですね。このようなものは、中古市場がしっかり形成されていて、メンテナンス済みの商品がたくさん出回っています。中古はヤフオクでも出品されていますし、テンポスバスターズのような中古取り扱いの業者さんでも探すことができます。

エスプレッソマシンと焙煎機は、出品の数が少ないです。また、メンテナンスも不透明な面があります。中古を購入するときには、事前に製造元のメーカーに問い合わせして、**中古でも故障時の面倒を見てもらえるか、確認しておきましょう。**

飲食店営業許可取得のために必要な設備とは？

▼飲食店営業許可認可のポイント

通常、店内席のあるコーヒー店は「飲食店営業許可」を保健所から取得して営業します。その取得にあたっては、いくつか条件があります。

- ・食器洗い用シンク（サイズ指定あり）の設置
- ・手洗い器（サイズ指定有り）の設置
- ・手洗い器に消毒液の設置
- ・食器用戸棚の設置
- ・温度計付き冷蔵庫
- ・給湯器（店内で調理をするのであれば必要）
- ・カウンター内と客席が分けられていること
- ・カウンター内にフタ付きのゴミ箱があること
- ・お客様が利用できるトイレの設置

これらが義務づけられています。

さらに言うと、お客様がカウンター内を通らずにトイレに行けること。カウンター内の床は耐水性で掃除が容易なこと。従業員が着替える場所や着替えた服を収納する場所があること。などもチェックされます。

設置が必須なもの、努力義務程度のもの、両方混ざっています。内装工事前には必ず店内レイアウト持参で保健所に訪問して、相談して確認するようにしましょう。

内装工事が終わって機材の搬入・試運転が済んだ時点で、保健所の担当者を招き店内の検査を受けます。そこで問題がなければ、晴れて営業許可証が発行されることになります。

飲食店営業許可の取得に必要な措置

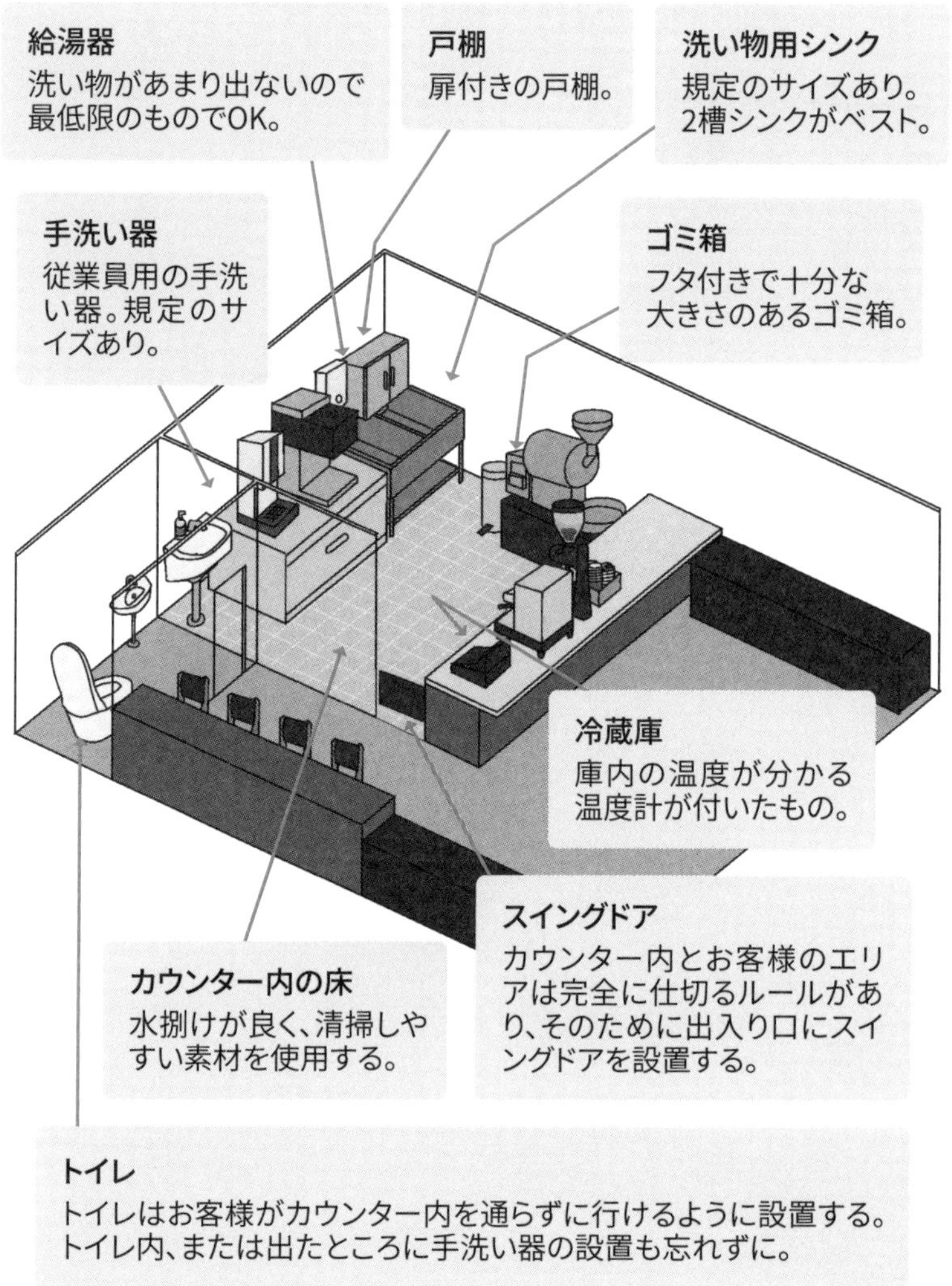
給湯器
洗い物があまり出ないので最低限のものでOK。
戸棚
扉付きの戸棚。
洗い物用シンク
規定のサイズあり。2槽シンクがベスト。
手洗い器
従業員用の手洗い器。規定のサイズあり。
ゴミ箱
フタ付きで十分な大きさのあるゴミ箱。
冷蔵庫
庫内の温度が分かる温度計が付いたもの。
スイングドア
カウンター内とお客様のエリアは完全に仕切るルールがあり、そのために出入り口にスイングドアを設置する。
カウンター内の床
水捌けが良く、清掃しやすい素材を使用する。
トイレ
トイレはお客様がカウンター内を通らずに行けるように設置する。トイレ内、または出たところに手洗い器の設置も忘れずに。

※焙煎機・グラインダーの設置についてコーヒ豆の焙煎や粉砕など、食品の製造に関わることは、基本的に全てカウンター内で行う。

厨房設備の選び方のポイント

▼主な設備選びのポイント

製氷機

製氷機の選び方ですが、どのくらいの大きさがよいか、分かりにくいですよね。

例えば1日に出るドリンクの数が100杯以上の場合、ホシザキ製のコールドテーブル型製氷機45キロサイズ以上が欲しいところです。100杯以下でしたら、小さい25キロサイズで大丈夫かと思います。これを目安にしてみてください。この45kg、25kg、というのは1日あたりの製氷能力のことを指します。

コールドテーブル型とは、高さが80cm程度で、上がテーブルのようになっているタイプのものです。作業台として使ったり、他のマシンを上に乗せて使えたり、使い勝手が良い型と言えます。また、製氷機は水道直結となりますが、必ず浄水器を通した水を接続するようにしてください。

冷蔵庫

コーヒー店で冷蔵庫に入れるものと言えば、牛乳・水出しアイスコーヒー、スイーツ類です。小さい冷蔵庫でも大丈夫ですが、お店は営業を続けるなかでやりたいことが増えていくものです。将来のために、少し大きめのものを買うとよいでしょう。

こちらも中古のホシザキ製コールドテーブル型冷蔵庫がよいかと思います。

コールドドリンクディスペンサー

ドリンクを冷やすためのマシンです。コーヒー店では、アイスコーヒーを冷やして保存しておくために使用します。

熱々の抽出したてのアイスコーヒーを、このマシンのタンクに注ぐことによって急冷します。アイスコーヒーはこのマシンで氷を使うことなく急冷することで、クリアで濃厚な風味にすることができます。

通常は1連タイプのもので十分ですが、1日あたり100杯以上の販売を見込めるお店でしたら、2連タイプのものをおすすめします。

シンク

飲食店営業許可をとるためには、基本的に「水とお湯の蛇口が独立した2槽シンクであること。シンクのそれぞれのサイズが幅45cm×奥行き36cm×深さ18cm以上」が条件となります。

ただし、コーヒー店のようにフードの調理が無いお店の場合、一槽シンクでもOKとなる場合があります。各地の保健所の温度感にもよりますので、確認してみてください。

浄水器

製氷機やコーヒーマシン・エスプレッソマシンのために導入します。

浄水を使用する機材の数によって、浄水器のフィルターを増やして供給能力を確保しなくてはいけません。大抵のお店は最低限のもので大丈夫かと思いますが、水道工事業者さんと相談してみてください。

浄水器はエバーピュアやオルガノなどが有名です。インターネット通販でも購入できますが、水道工事業者さんに頼めば手配してくれます。

冷蔵庫・製氷機のポイント

冷蔵庫

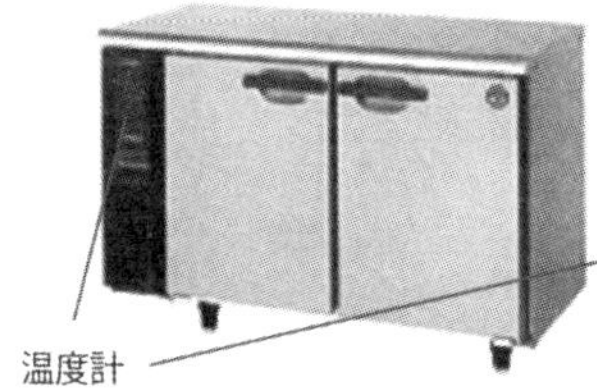

内容積 169L タイプ

内容積 237L タイプ

コールドテーブル型冷蔵庫。冷蔵庫の上で作業ができたり、他の厨房機材を置くことできたりする。庫内の温度が把握できる温度計は必須。コーヒー店は冷蔵庫に入れるものがたくさんあるので、なるべく大きいサイズを選ぶこと。できれば内容量が200L以上が望ましい。メーカーはホシザキ、フクシマガリレイ、パナソニックなどが大手。

製氷機

25Kg タイプ

45Kg タイプ

製氷機は氷の形状と1日当たりの製氷能力で選ぶ。氷の形状はキューブタイプが無難。溶けにくく、アイスコーヒーが薄まりにくい。小さいお店では製氷能力が、25kgで回せることもあるが、45kg以上のタイプがベター。メーカーはホシザキ、フクシマガリレイ、パナソニックが大手。

コールドドリンクディスペンサー・シンクのポイント

コールドドリンクディスペンサー

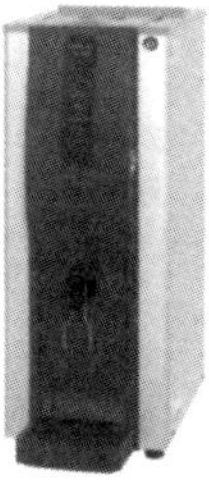

１連タイプ

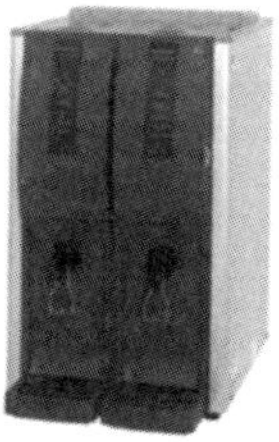

２連タイプ

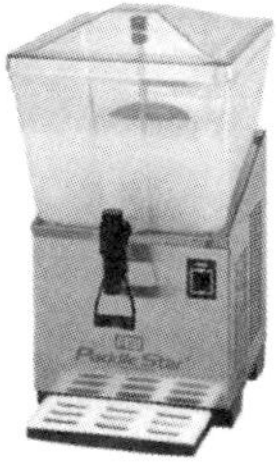

見せるタイプ

コールドドリンクディスペンサー。小さい店なら１連タイプでＯＫ。このマシンがあるから、専門店ならではのクリアで濃厚なアイスコーヒーを作ることができる。メーカーはホシザキ、ＦＭＩなど。

シンク

１槽シンク

２槽シンク

シンクは基本的に2槽用意する。規定のサイズがあるので注意が必要。店内で調理が発生しない場合、２槽シンクのうち１槽は手洗い専用と見なし、手洗い器の設置が免除される場合もある。メーカーはホシザキ、マルゼン、アズマなど。

コーヒーマシン・グラインダーの選び方

▼運が良ければ10万円以下も

コーヒーマシンやグラインダーの選び方は少し難しいです。たくさんの種類があって、機能も値段もピンキリだからです。

1ℓ以上のコーヒーを一度に抽出できる大容量タイプのコーヒーマシンは必須ですが、これは主にアイスコーヒーの抽出で使用します。

できれば、湯温・抽出量・抽出時間などを細かくプログラムできるマシンがよいのですが、そのようなコーヒーマシンは新品だと価格が高く、50万円程度することが多いです。ただし運が良ければ中古で出品されおり、10万円以下でも手に入ります。メーカーではBREWMATIC、BUNNなどが有名ですね。

プログラムできないコーヒーマシンは安価で、新品でも6万円～、中古では1万円ぐらいから購入することができます。そのため開業当初は、こちらのタイプでも良いかと思います。カリタ、ラッキコーヒーマシンなど国産のものも多く発売されています。

▼豆を売るならこだわりたいグラインダー

グラインダーは、コーヒー豆売り店であれば重要です。味に直接的に関わるので、なるべくなら良いものを導入したい、と思う方が多いかと思います。人気どころはDITTING（ディッ

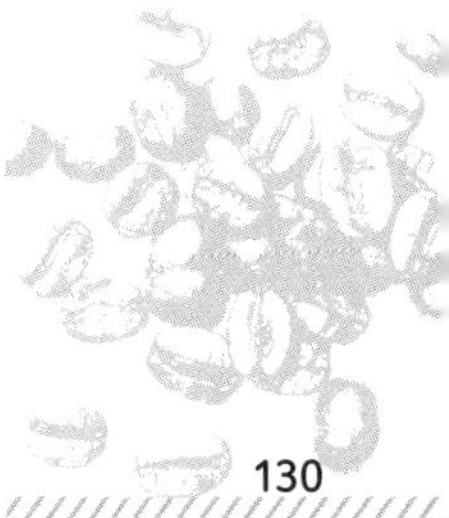

ティング）かMAHLKONIG（マールクーニック）あたりでしょうか。ヨーロッパのメーカーで、自動車であればメルセデスやポルシェのようなクラスです。性能は高いですが、値段も高いです。

ただし、**日本メーカーのグラインダーも性能的には負けてはいません。価格も抑えることができますので、開業当初は国産グラインダーが良いかもしれません。**

使っていくうちに思うのが、結局はグラインドするスピードが速いタイプが便利です。1分間に何グラムの豆が挽けるのか、スペックを見比べてみることをおすすめします。

▼まずは最小限度のマシンでOK

コーヒーマシンもグラインダーも、こだわり過ぎると費用が高くつきます。そうなると開業の初期コストがかさみ、開業のハードルとリスクが高くなります。

そこで、最小限度のマシンでスタートし、しかも中古で購入すれば安く済みます。**最初から全て完璧に良いものを揃える必要もありません。開業後に、お店の利益のなかから追加で設備投資をすれば良いです。**

小さく始めて、徐々にお店をアップグレードしていきましょう。

コーヒー焙煎機の選び方

▼高価な焙煎機だから良いとは限らない

コーヒー焙煎機は、日進月歩の世界です。毎年のように、新しい機種が発売されています。

パソコンと連動してセミオートで焼き上げるスマートロースター、本格的な機能がありつつもカセットコンロでも焼ける超小型の焙煎機……。などなど、ここ最近でも選択肢が増えました。

サイズは、２００ｇの少量焙煎の小型焙煎機から数十キロ焙煎できる大型なものまでありま す。自家焙煎コーヒー店であれば、通常は１〜３kgタイプ程度の大きさを使用するお店が多いです。

熱源は電気やガスがあり、そこからさらに直火式や熱風式などに分かれます。値段も数万円〜高級車が買えるくらい高価なものまで、ピンキリです。

焙煎機によって味に差が出るのか？というのは何とも言えないところです。私の考えとしては、「焙煎機による風味の差は微差だし、そのくらいの差は商売上は全く問題にならない」と思っています。そのため、**焙煎機は基本的に何でもよいと考えています。**

昨今では高価な外国産の焙煎機が人気を集めています。確かにそれで好みの風味を出せる場合もありますが、必ずしもそれが売上に直結するわけではありません。そして国産の安価な焙煎機が風味に劣る、というわけでもありません。

小さく安い焙煎機から始めて、儲かったら良いものに買い替えていく。こんな感じで**安全な経営、スピード経営重視で考えることが一番良いのではないかと思います。**

▼焙煎機のサイズはどう考えるか？

焙煎機選びのファーストステップとしは、焙煎機のサイズです。焙煎機には、一度に焙煎できる量の推奨値が定められています。

業務用の焙煎機では、通常は1キロタイプ以上の焙煎機が使用されます。これは、一度に焙煎できる量が生豆で1kgまで、というものです。もっと小さい焙煎機もあり、50g、200g、350g、500gタイプなどもありますが、通常はこのサイズは家庭用として使用されます。

逆に大きい焙煎機は、3kg、5kg、10kg、それ以上もありますが、小さな自家焙煎コーヒー店で使用されるのは大きくても3キロタイプまでが多いです。

一度に焙煎できる量は、少ない分には調節することができます。1キロタイプの焙煎機では、100gだとさすがに難しくなりますが、200～300g程度でしたら焙煎することは十分可能です。

焙煎にどのくらいの時間がかかるのかは、焙煎機によって大きく異なります。ですが、ざっくり目安として一度の焙煎で30分程度を見ておけば良いかと思います。

通常、冷却時間まで含めると、焙煎は20分程度の時間がかかります。暖気運転など、焙煎の前後まで考えると、30分程度の時間の確保が必要になるわけです。

1日にのどのくらいのコーヒー豆が必要なのか？　その量を確保するには、何回くらい焙煎しなければいけないのか？　その時間はどのように捻出するのか？

これらは店によって大きく異なりますので、自分なりにイメージして焙煎機のサイズを検討してみてください。

▼1キロ焙煎機に適したコーヒー店とは？

一度に焙煎できる量が1kg程度の焙煎機は、「1キロ釜の焙煎機」と呼ばれることが多いです。そしてこのサイズの焙煎機が適したショップとは、主に以下のようなタイプのお店です。

- 1日に5kg以下の焙煎量
- コーヒー（ドリンク）の販売量は50杯程度まで
- コーヒー豆売りの販売量は1日2～3kg程度

こんなイメージかと思います。

売上でいうと1日3～5万円程度のお店のイメージです。このくらいの売上の規模感であれば、1キロタイプの焙煎機で十分にまかなうことが可能です。やや余裕があるくらいかもしれません。

1kgの小型の焙煎機であっても、少し頑張れば10kg、気合い入れて頑張れば20kg、1日に焙煎できます。なので、多少は忙しくなっても十分回すことはできます。そのため小さいお店であれば、開業当初は1kg以下の小型焙煎機でスタートするのが、ちょうど良いかと思います。

注意点としては、100gの少量の焙煎には適さないということです。焼けないことはない

コーヒーマシン
・コーヒーグラインダーのポイント

コーヒーマシン

カリタ

BREW MATIC

BUNN

プログラムは組めないが、安い。開業当初はこれで十分。

湯温や抽出の仕方などのプログラムが組める。ハンドドリップに近いこだわりの抽出が可能。

プログラムが組める大容量２連タイプ。よほどの繁盛店でない限り、ここまでのスペックは不要。

コーヒーグラインダー

カリタ

ディッティング

マールクーニック

エスプレッソ専用グラインダー

安価だがグラインドスピードが早く使い勝手がいい。通常タイプとエスプレッソタイプがある。

世界的な名ブランド。通常の挽き目からエスプレッソ用まで対応可。

エスプレッソマシンを導入するのであれば、専用グラインダーが必要。

のですが、少し難易度が高くなり、習熟が必要となります。

一方で、焙煎にあまり労力をかけずに、まとめて焙煎したいという場合には、2~3キロ釜の焙煎機を導入した方が良いでしょう。

焙煎はこだわると、労力のかかる作業となります。温度上昇スピードをコントロールしたり、こまめな火力や風力調整が必要になるため、焙煎機から離れられなくなりがちです。そのため、**一度にある程度の量を焙煎して効率的に作業を進めることが必要**となります。

▼小型の業務用焙煎機の3つのメリット

小型の焙煎機を使用するメリットは、主に3つあります。

①オーダー毎の焙煎に対応しやすい
②ロスを出さずに、少量多品種の販売ができる
③導入のハードルが低い

①オーダー毎の焙煎に対応できる

100g~焙煎できる機種もあるので、お客様よりご注文をいただいてから焙煎することもできます。そのため、焼きたてを提供できますし、焙煎レベルの変更も受け付けることができます。こまやかな対応のできる専門店のポジショニングをお店のスタイルにできます。

②ロスを出さずに、少量多品種の販売ができる

少量焙煎できるので、売れる分だけ焙煎できます。ロスを防ぐことができますので、その分、コーヒーの種類を多く置くことができます。例

えば、ゲイシャやＣＯＥ受賞豆など、高級な豆の販売にも踏み切りやすいです。

また、焙煎後３日以内など、新鮮な状態のコーヒー豆のみにこだわっての販売も可能です。

③導入のハードルが低い

小型の焙煎機は、本格的なものでも１００万円程度で購入することができます。また設置場所もあまりとりませんし、消防法との兼ね合いも楽にクリアすることができ、導入のハードルが低いです。

逆に、デメリットとしては、やはり焙煎する回数が多くなりますので、圧倒的に手間がかかります。また、少量の焙煎は、多量の焙煎よりも風味の再現性を確保する面で、難易度が高くなる傾向があります。

▼熱源はガスと電気どちらが良いのか？

焙煎機は大きく分けると熱源によって２種類に分けられます。「ガス」と「電気」の２種類です。

どちらの焙煎機が良いのか、という問いに正解はありません。どちらにもそれぞれの良いところ、悪いところがあります。ご自身の商売のスタイルや予算に合わせて選ぶと良いでしょう。

それぞれのメリット・デメリット、違いを挙げてみます。

電気焙煎機のメリット

- 焙煎が全自動かセミオートで手間がかからない
- スタッフ教育の手間がかからない
- 焙煎時間が短い
- 注文後の焙煎にも対応できる

・ロスが出にくい
・ロスが出にくいため豆の種類を多く持てる

ガス焙煎機のメリット

・マシンが安い（業務用小型焙煎機で約100万円〜）
・豆の個性の表現が際立つ
・ランニングコストが安い（ガス代・数千円）
・スタッフの採用に有利

電気焙煎機のデメリット

・マシンが高価（約300万〜）なものが多い
・中庸な風味になりがち
・ランニングコストがやや高い（業務用の電気代がかかる・数万円）

ガス焙煎機のデメリット

・焙煎が手動で手間がかかる
・スタッフ教育に手間がかかる
・焙煎時間が長い
・注文後の焙煎に対応しにくい
・ロスが出やすい
・ロスが出やすいため、豆の種類を多く持ちにくい

いろいろと挙げましたが、電気は手間がかからず、少量の焙煎もできる。ただし、コストがかかりがち。ガスの焙煎機は手間がかかるが、風味が良く、コストも安い。という感じでしょうか？

ただし、一般的な見方であって、機種によってかなり異なります。電気でも風味の良いものもあるし、ガスでも手間がかからないセミオートなものもあったりします。

▼電気とガスのコーヒーの味の差は？

熱源の違いによる風味の違いは、確かにあるような気もします。

電気焙煎機はブロワーによる風の力が強く、しかも焙煎時間が早い傾向があるために、中庸な味になりがちです。ガス焙煎機の方が、焙煎中に豆に与えるストレスが抑えめで、パンチのある味になります。

ただし、このような風味の差なんて、しょせんは微差です。売上に影響するほどの差は出ません。しかも、焙煎のレシピを少し調節するだけで、どうとでも変わります。

▼電気とガスの焙煎の手間の差は？

電気焙煎機は豆を投入してボタンを押すだけで自動で焙煎してくれます。あとは冷却まで全自動か、焼き上げからは手動で行うセミオートタイプかに分かれます。１回の焙煎時間は７～10分ほど（冷却時間込み）。

ただし、機種によって大きく異なります。家庭用の電気焙煎機では火力が弱いものもあり、焙煎終了までに20分以上かかるものも。

ガス焙煎機は完全手動なタイプがほとんどです。一部、パソコンとつないでオート焙煎できるタイプもありますが、非常に高価です。

焙煎時間は、一度に焙煎する量にもよって大きく異なりますが、10～20分ほど。

▼メンテナンス面の違いは？

電気焙煎機のメンテナンスは毎日、釜・ガラス面・フィルターの掃除。15～20分ほどの作業となります。

それとは別に、定期的にブロワーという風を送り込むためのプロペラ部分の掃除があり、そちらは少し時間がかかります。

ガス焙煎機は、ブロワー部分の掃除が２〜３日に１回。焙煎量が多いと毎日やることになります。20〜30分ほどの作業になります。

▼直火式と半熱風式について

ちなみに、ガスが熱源の焙煎機は、２つの方式に分かれます。「直火式」と「半熱風式」です。

これは、焙煎時にコーヒー豆を入れて回転するドラム部分に穴が空いているか、空いていないかの違いです。

穴が空いて火の熱が直接豆に伝わる方が直火式、穴が空いておらずに間接的に豆に熱が伝わる方が半熱風式となります。コーヒー豆への熱の伝わり方が変わることが、風味に影響を及ぼします。

直火式は釜自体の蓄熱の力が弱く、ガスバーナーの直接の火力がより多く必要とされます。そのため、火力の調整がピーキーで、やや扱いに難しい面があるかもしれません。ですが、習熟すると焙煎をコントロールしやすい面もあります。

半熱風式は火力の伝わり方がマイルドになりますが釜自体に蓄熱される熱量が多く、その分焙煎の化学反応を進ませてやすいです。火力のこまめな調節は効かせにくいですが、しかし焙煎の再現性を高めやすい面があります。

直火式と半熱風式で風味の差が出るのか？という点については、何とも言えません。直火式の方がいかにもコーヒーらしいボディや苦味を

ガス火焙煎機直火式と半熱風式の違い

直火式

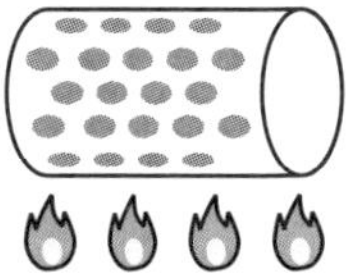

【直火式の特徴】
・熱が直接豆に伝わる
・扱いにより習熟が必要
・ボディの強さや苦味を強調しやすい

半熱風式

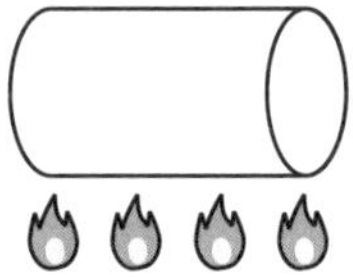

【半熱風の特徴】
・熱が間接的に豆に伝わる
・焙煎の再現性を確保しやすい
・クリアな風味を表現しやすい

出しやすい傾向はあります。しかし、どちらが上ということは無く、あくまでも好みの問題になるかと思います。

▼お店のスタイルに合っているかが重要

高価な焙煎機を買えば美味しいコーヒーができるわけではないですし、ましてや売上に良いバッファーがかかるわけでもありません。**あくまでも、自分のスタイルに合った焙煎機選びが大切です。**

例えば全自動の電気焙煎機の場合ですが、このタイプが一番焙煎の難易度が低く、手間もかかりません。そのため、焙煎初心者や、アルバイトにお店を任せるタイプのお店に向いています。

他にも電気の自動焙煎機が向いている人（お店）は、

・店をチェーン展開したい
・注文後の焙煎に対応したい
・焙煎に手間をかけたくない
・ワンオペで店を運営したい

このような人向けでしょうか？

　ガスの焙煎機は難易度がやや高めですが、焙煎の技術を深く追求することができます。

　そのため、本格志向のお店、自分がマスターとしてお店に常駐するタイプのお店に適しているかもしれません。あとは開業資金を安く抑えたい方向けですね。また、マシンの見た目も格好が良く、お店のなかでインテリアとしての価値も出せます。

　ただし、今後は電気とガスのマシンの境目が無くなっていきます。

　既にその傾向は強くなってきていて、ガス焙煎機も自動化が進んでいますし、電気焙煎機も本格派で風味も良くて、なおかつ安価なマシンも出てきています。

　電気・ガスともにそれぞれのデメリットを克服するようなマシンも出てきてますので、偏見なく色々と見てみることをおすすめします。

電気焙煎機とガス焙煎機の違い

	電気焙煎機	ガス焙煎機
味の傾向	○ マイルドで中庸な風味になる傾向。深煎りに特に強い。	◎ クリアで個性が際だつ傾向。浅煎り〜深煎りまでオールマイティ。
焙煎の手間	◎ セミオート〜全自動まで。全自動の場合、投入〜冷却までボタンひとつでやってくれる。習熟不要。	△ 基本的に全てマニュアル操作。ある程度の習熟が必要。
メンテナンス性	◎ マシンにもよるが日々のメンテナンスは簡易で楽な傾向。	○ ブロワー部分のこまめな掃除が必要。
コスト	△〜○ 安いものから高価なものまで(50〜350万円)ピンキリ。	○ 一般的に100〜150万円程度から購入可能。ただし、海外製は高価。

エスプレッソマシンの種類と選び方

▼エスプレッソマシンの選び方

全自動エスプレッソマシン

コーヒー豆を挽くところからボタンひとつで全自動で抽出してくれます。濃度を調整してレギュラーコーヒーとしての提供も可能。また、フォームミルクまで完全自動で、カフェラテも作れたりします。

手間をかけずに抽出できますので、ワンオペの店に向いているタイプですね。有名メーカーはデロンギやユラ。

セミオートエスプレッソマシン

粉を自分で挽いてタンピングし、マシンにセットする本格的なタイプ。セットしたあとはボタンで自動で抽出。一般的な業務用エスプレッソマシンの多くがこのタイプです。名メーカーはラ・マルゾッコ、チンバリなど多数あります。

手動レバー式エスプレッソマシン

抽出まで手動で行うマニュアルタイプです。抽出時、レバーを操作し、手動で圧力をかけます。珍しいタイプで、あまり使われていません。抽出に手間がかかり、忙しい店舗には向かないかもですね。

バリスタに憧れ、ラテアートを極めたい方でしたら、通常はセミオートのエスプレッソマシンになります。

▼セミオートなら本格ラテの提供が可能

本格的なラテを提供したいならば、セミオートのエスプレッソマシンが第一候補になります。

最初に考えるポイントは、１日の抽出杯数です。セミオートのエスプレッソマシンには。抽出口が１グループ（１連）タイプから２グループまであります。

・ラテやエスプレッソの1日の提供杯数が、20～50杯程度／日・・・1グループのタイプ
・50杯程度以上／日・・・2グループのタイプ

大きく分けると、こんな感じでしょうか？

お店の忙しさによって、求められる供給のスピードによって決めてもよいかと思います。ピークタイムの忙しさとそのときの人員配置を想像して、１グループか２グループかを選ぶとよいでしょう。ただし小規模なお店であれば、１グループでまず大丈夫です。

その他の着眼点として、エスプレッソマシンの心臓部である「ボイラー」と「ポンプ」があります。

「シングルボイラー」にするのか、よりパワフルな「ダブルボイラー」にするのか。安価で小さい「バイブレーションポンプ」にするのか、安定したパワーと耐久性を有する「ロータリーポンプ」にするのかなどの見方があります。

ボイラーとポンプについての詳しい内容はここでは割愛しますが、身の丈に合ったマシンを使っているかは重要です。費用、店舗面積なども考慮した上で、最適なマシンを選んでください。

業務用エスプレッソマシンの価格

▼エスプレッソマシンの価格相場

業務用エスプレッソマシンの価格ですが、ピンキリです。

1連（1グループ）タイプ、シングルボイラー、バイブレーションポンプ、という安いタイプのもので、30万円弱くらいから販売されています。

逆に3連タイプのような性能の良いマシンだと、高級車が買えるくらい高くなったりします。

あとは、有名メーカーだと高価な傾向がありますね。マルゾッコの1連のタイプ（リネアミニ）は、安いところでも70万円くらいの販売価格です。

なので、狙い目はマイナーなメーカーの新品です。かつ、代理店がしっかりしており、アフターサポートが行き届いているところがいいですね。

▼規模に見合ったマシンを選ぶ

小さなコーヒー店では、1日の提供杯数もたかが知れています。

そしてワンオペの店舗だと、抽出とレジを同時進行するので、そもそも連続抽出ができなかったりします。急いでも、1杯あたり抽出に平均で3分くらいは時間がかかります。

そのため、通常は1連・シングルボイラー・バイブレーションポンプのもので十分。そうなると、20万円台で新品が買えます。

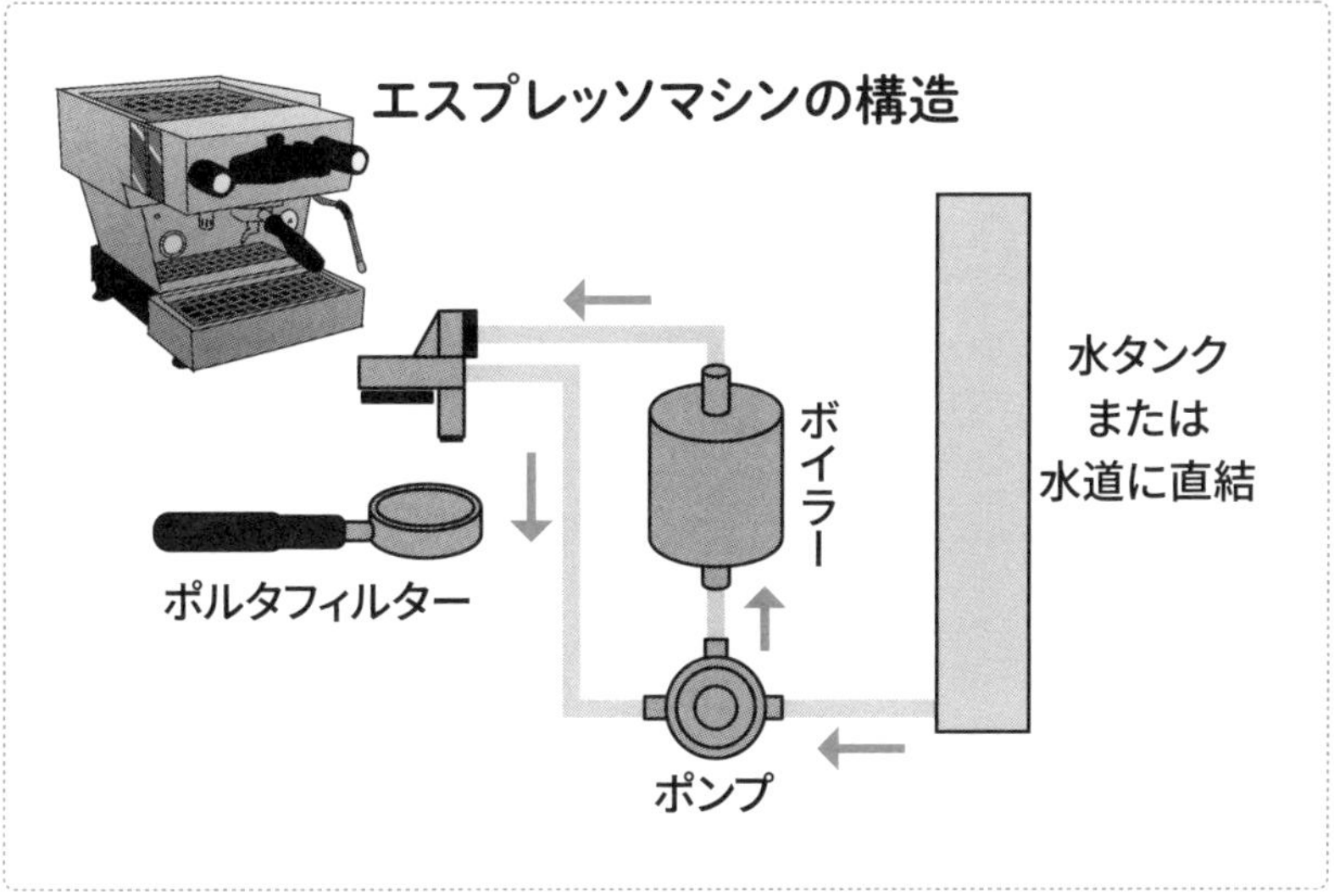

耐久性を考えてちょっと良いマシンを、という方で、1連・シングルボイラー・ロータリーポンプでいいかと思います。こちらは、安いもので40万円くらいですね。

▼導入しないことを含め検討

当然ですが、エスプレッソマシンを導入しない、という選択肢も十分ありえます。ハンドドリップやコーヒーマシンで抽出してしまえば良いからです。

お店のスタイルによって、エスプレッソマシン選びは大きく変わります。**そもそも必要か？というところから改めてじっくりと検討してみてはいかがでしょうか？**

コーヒー生豆の仕入れ方

▼コーヒーのおいしさは豆選びが決め手

良いコーヒー生豆を仕入れることは、自家焙煎コーヒー店の生命線。なぜらなら、コーヒーのおいしさの7割は豆選びの段階で決まってしまうからです。そこで、珈琲生豆の仕入れについて、この章で詳しく解説します。

自家焙煎コーヒー店の開業において、コーヒー生豆の仕入れ先は基本的に商社からになります。

なぜなら、やっぱり商社ならではのメリットがたくさんあるからです。

- 取り扱いの種類が多い
- 長年の経験と現地コネクションの蓄積がある
- 品質が良い
- 大量に輸入しているため、コスパが良い
- 現地の情報を詳しく教えてくれる

現地で良い豆を探して、または現地農家に技術協力して――なんてことを彼らはずっとやってきているので、やっぱり強いんですね。

「個人輸入の方がなんか本格的っぽい……」「店が直接現地で買い付けしている方が、品質が良さそう……」と、このようなことを思う方が多いかもしれませんが、これらは、幻想です。**やはり「餅は餅屋」なんです。**

商社にはそれぞれ強い地域や、お抱えの農園があります。それらを上手く活用させてもらっ

て、それぞれの商社の良い豆のみをピックする感じで、オールスターのような品揃えを目指すと充実したラインナップを実現できます。

最近では、特定の国に特化した専門商社も出てきています。そのような専門特化型の商社が提供するコーヒー生豆は、クオリティが高くユニークなものが多いです。そのため、個人的に最も注目しています。

▼商社との取引の流れについて

商社との取引でコーヒー生豆を仕入れる場合、今は取引の流れが簡単になっています。専用のサイトを開設している商社が多く、そちらで会員登録をすることになります。

一般的な流れは次の通りです。

①会員登録
②サンプル請求
③注文
④支払い
⑤納品

専用サイト上にある程度詳しいコーヒー豆の情報が記載されており、価格も掲載されています。**通常のネットショップと同じ感覚で注文することができます。**クレカでの支払いが一般的ですが、請求書での対応も受け付けてくれます。

しかし一部、大きな商社でも専用サイトを開設していない会社があります。そのような場合は、まずは問い合わせを行い、多くは担当者が付くことになります。基本的にはその担当者とのやりとりで取引が進みます。

その場合の流れとしては、次の通りです。

①問い合わせ
②商談（顔合わせ）
③サンプル請求
④試飲
④価格問い合わせ（オーダー）
⑤価格提示
⑥注文
⑦成約
⑧納品
⑨支払い（月締め）

商談が入ることがポイントです。大手できちんとした対応をする商社は、担当者の方より「開業予定のお店を見せてくれ」と言われる場合もあります。オーダー成約については、後述しま

す。

　また、サンプルの請求に関しては対応してくれる業者がほとんどですが、一部対応してくれない商社もあります。

　そのような場合は試しに最低単位で購入するしかありませんが、まれにカッピング会など開催することがあり、そこに参加して味見することができたりもします。

コーヒー生豆のサンプル請求～仕入までの流れ

▼サンプル請求のポイント

コーヒーは焙煎して実際に飲んでみないと、品質が分かりません。同じ農園、同じコーヒーでも、年度によって風味にかなりの差が出ることもあります。そのため、**購入する前にサンプルを請求して品質確認を行うことは非常に重要です。**

この業界の一般的な感覚として、コーヒー生豆のサンプル請求は、一度に3～5種類くらいまでならOKとされることが多いです。1種類につき200～300gもらうことができます。しかし、開業時の初回に限り、限度なくサンプルを請求できたりします。各商社に問い合わせてみてください。

サンプル請求時の注意点ですが、

- 収穫年度は？
- 在庫は豊富にあるか？

これらを、忘れずに確認するようにしましょう。

サンプルで取り寄せた生豆を浅煎りで焙煎して、きっちり教科書通りにカッピングをしてしまうお店が多いかもしれません。しかしカッピングは、コーヒー豆をあるひとつの角度からみただけの品質鑑定に過ぎません。

おすすめは、その豆の最適な焙煎レベルで焙煎することです。「浅煎りでポテンシャルを発揮する豆」「深煎りでポテンシャルを発揮する豆」

それぞれ長所があるからです。

どの焙煎レベルが良いか分からない場合、ハイ・フルシティの２つのレベルで焙煎してみると良いでしょう。

サンプルを味見したら、商社にその感想をフィードバックするとよいでしょう。喜ばれます。サンプルを取り寄せても購入すればよいのですが、購入につながらないことの方がどうしても多くなります。そのため、フィードバックもせずにサンプルを請求してばかりになると、商社側の心証も良くないです。厳しい意見でもよいので出来る限りフィードバックするようにしましょう。

▼コーヒー生豆のオーダー～成約

商社のなかには日々の相場変動を反映させて価格を提示してくる場合があります。

その場合、まずは商社にオーダー（価格問い合わせ）をすることになります。

・どの豆を何袋買うのか？
・渡し月はいつか？

オーダーでは、この２点を伝えます。

渡し月とは、成約したコーヒー豆を実際に引き取るタイミングのことです。「10～12月で３袋」といった形式でオーダーするのですが、これは「10～12月にかけて３袋配送してもらう予定です」ということです。

渡し月の期間が長くなるほど、当然倉庫での保管料のコストがかかりますので、その分コーヒー豆の価格に上乗せされます。

オーダーをすると、商社からその日時点の相

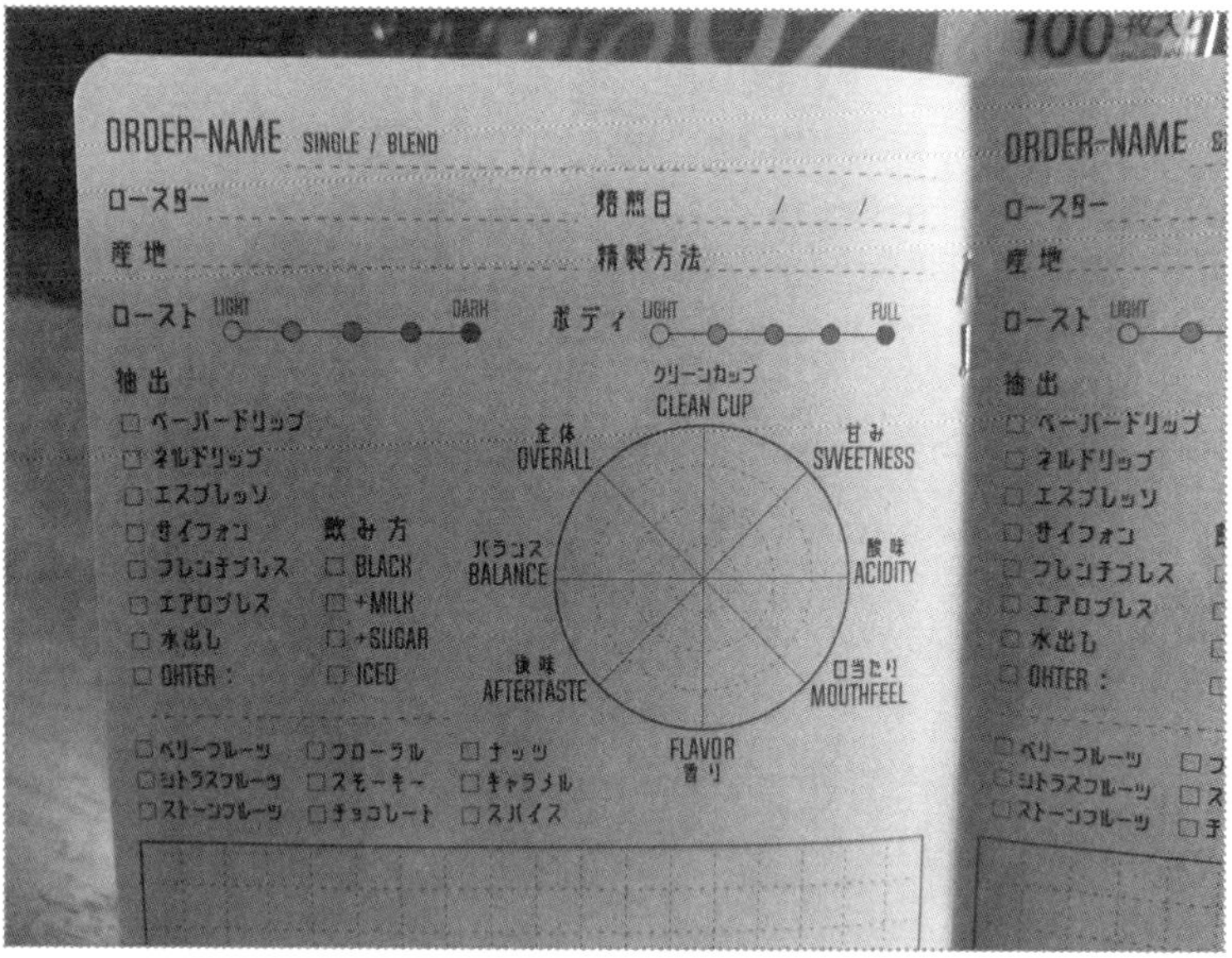

場を反映された価格が提示されます。通常1kgあたりの価格が提示されますが、これには

・倉庫保管料
・指定場所への配送料

も含まれています。

価格に同意できれば、成約となります。成約書と請求書が発行され支払いを行い、その後は渡し月の期間内で配送を依頼することになります。

ただし、このような昔ながらの購買プロセスを必要とする商社は、今は少なくなっています。**商社の多くはコーヒー生豆販売サイトをインターネット上に開設しており、そこから購入するケースがほとんどです。**

▼主なコーヒー生豆の仕入れ先商社

コーヒーの生豆を仕入れることができる商社は、たくさんあります。

主なところでは、

・UCC上島珈琲（株）
・丸紅食料（株）
・兼松（株）
・（株）ユーエスフーズ（石光商事子会社）
・（株）セラードコーヒー
・（株）ワタル
・日本珈琲貿易（株）
・アタカ通商（株）

こんなところでしょうか？

他にも、ニカラグアやエチオピアにそれぞれ専門特化した商社、ミャンマーなどアジアに強いところなど、最近はユニークな商社が出てきています。商社によっては信用力の無い個人店ですと、取引できない場合があります。

ただしその商社のコーヒー豆が手に入らないというわけではなく、卸売業者さんなどを通して購入することができます。

基本的に、発注単位は原袋と呼ばれる麻袋単位になります。量は国や生産者によって異なりますが、30～70kgの間となり、60kg単位の国が比較的多いです。

開業当初は、60kgを捌くのは大変です。置き場にも困りますので、もっと少ない単位が良い場合には、商社を利用せずに卸売業者さんを利用するのも、ひとつの方法です。インターネットで検索すると色々な業者さんがヒットしますので、そちらを検討してみてください。

ちなみに、上記ユーエスフーズとセラードコーヒー、ワタルといった会社は、小分けにも対応してくれます。

また、最近では自家焙煎店自身が直接生豆を輸入して、外部にも販売するケースも増えています。代表的なところでは、

・丸山珈琲
・ミカフェート

などです。それぞれ、有名な自家焙煎コーヒー店です。

▼コーヒー生豆の仕入れ まとめ

自家焙煎コーヒー店にとって、コーヒー生豆の仕入れは超重要事項です。

コーヒーの味の7割は、生豆の品質で決まると言われています。良い風味をもつコーヒー生豆は、少々雑に焙煎しても美味しいです。しかし品質の悪い風味の無いコーヒー生豆は、上手に焙煎して丁寧にドリップしても、やっぱり美味しく無いんです。

自家焙煎店として気をつけたいのは、**コーヒー生豆の品質が価格と比例しない**ことです。

グレード高い、価格が高い豆でも、美味しくない、なんてことは日常茶飯事。逆に、安いコモディティと呼ばれるクラスの豆でも、良い風味を持つコーヒーもあるところが、面白いところでもあります。

つまり、安い豆でも風味の良いコーヒーを見つけることが、自家焙煎店としての腕の見せ所でもあります。

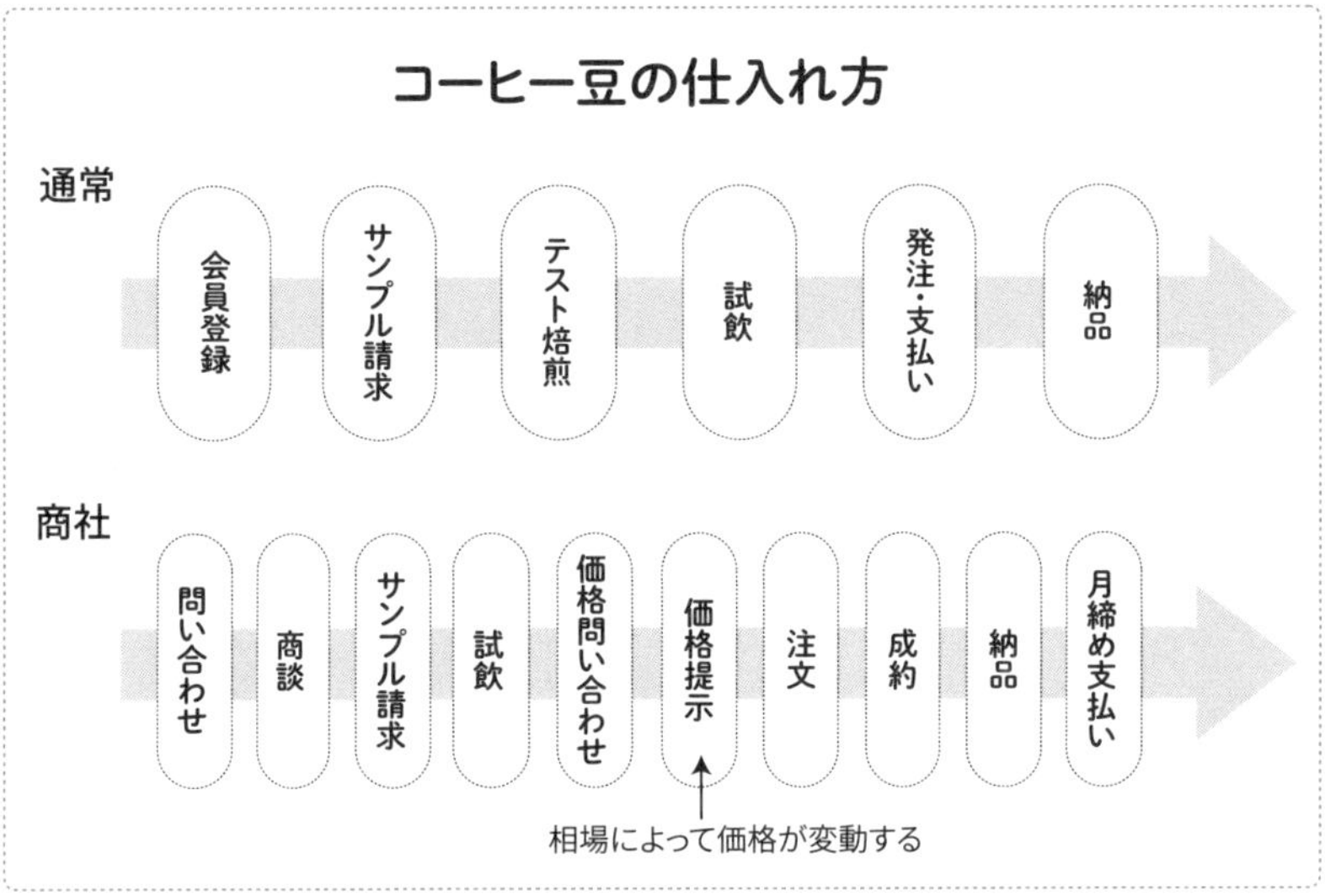

そしてコーヒー豆の品質は、基本的には実際に飲んでみないと分かりません。また、同じ農園の同じコーヒーでも、年によって品質が異なります。去年美味しかったから今年も美味しいとは限りません。

そのため、**数多くサンプルを試すことが、お店の底力を上げてくれますので重要**です。地道な作業となりますが、毎月のルーティンの中にサンプル請求とテストローストを組み入れ、数多くのコーヒー豆を試していくのがよいでしょう。

その他の原材料の仕入れ方

▼包装材なども仕入れる必要あり

コーヒー店で必要な仕入れはその他にテイクアウト用やギフト用の梱包材などがあります。

今は、これらの資材類も全てインターネット上で仕入れることができます。コーヒー店向けに特化した卸売業者も存在しており、非常に便利です。

コーヒー関連の資材に強い代表的な業者は、次の通りです。

・パッケージ通販（清和）
・ヤマニパッケージ
・ニコノス
・シモジマオンライン（シモジマ）

サンプルの請求にも対応してくれることが多いです。また、お店のロゴを入れたいなどのOEMの相談にも応じてくれます。必要数が少なければ、Amazonや楽天、モノタロウなどで購入してしまうのも、十分ありです。

コーヒー関連の器具、例えばドリッパーやサーバー、ドリップ用のペーパーなどが欲しい場合には、メーカーに問い合わせて問屋さんを紹介してもらいましょう。**定価の6～7割の価格で卸してもらうことができます。**また、コーヒーの生豆の商社のなかには、コーヒー関連の器具の取り扱いをやっているところもあります。生豆と一緒に卸してもらうと、送料などが有利になることもあってお得だったりします。

第7章

開業までの流れ・スケジュール

開業3年前〜のスケジュール

▼小さくてもまずはビジネスを始める

YouTubeなどで独学で専門学校以上の知識が身につきます。独学しつつ、学んだことを実践していきましょう。

コーヒービジネス用SNSアカウントの開設

X（Twitter）・Instagram・Facebook・YouTube・ブログなど色々あります。自分との相性もあるので色々と試すことをおすすめします。コーヒーに関わる情報を発信し、自分の商品と相性の良いフォロワーの獲得を目指します。

おすすめは、日々コーヒーについて学んだこと、挑戦していることを発信し、自分の成長をそのままコンテンツにすること。

副業開始（ネットショップ・週末マーケット・間借りカフェなど、併用を推奨）

勉強や情報発信とともに、ネットショップや週末マーケット、間借りカフェなど個人でコーヒーで稼ぐことに挑戦しましょう。

実は、**何より大事なことがこの「挑戦」です。**「もうちょっと知識や技術が身についたら」と後回しにしがちですが、真っ先に始めましょう。「挑戦」するからこそ勉強などのインプットの質が高くなりますし、情報発信のネタにもなります。そして、マーケティングの力は実践を通してしか、鍛えることはできません。

食品販売店やカフェなどの繁盛店を回って視察

繁盛しているお店にはそれなりの理由があります。コーヒー店だけではなく、お茶やお菓子など食品販売店の繁盛店は非常に参考になります。細かい部分まで観察し、良い部分はメモっておいて後でまねをしましょう。

立地、客層、外観、内観、看板やポスター、店内レイアウト、商品ラインナップ、パッケージ、値段、プライスカード、ポイントカード、営業時間など見るべき項目はたくさんあります。

コーヒー豆売り店であるならば、なぜ、数あるコーヒー豆売り店のなかから、このお店を利用するのか?という視点を持って見てみると良いでしょう。

▼コツコツと結果を積み上げる

このようなことを実践し、まず1年でSNSの総フォロワー数1000名以上、副業収入1万円以上を目指すとよいでしょう。2年程度継続すると、マーケティングスキルも結果が出せるレベルに到達できますので、自信も獲得できます。

何事も新しく挑戦して結果を出すまでには1000時間程度が必要と言われています。私の肌感覚でも、副業で安定的に収益を発生させるためにも1000時間かかると感じました。1日1時間の作業で3年弱、1日3時間の作業で1年弱かかる計算です。

しかし、結果が出ないまま1000時間作業を継続することは、普通にやっては難しいです。作業を習慣化して、意志の力を極力必要としないようにしてしまうことがコツとなります。

開業1年前〜のスケジュール

▼実店舗にとっては最も重要な局面

開業1年前になれば、テナント探しや商品作りなど実際に開業の準備にとりかかります。並行して副業で継続して稼ぎ、開業に必要な資金も貯めてしまいましょう。

- ショップコンセプト作り
- ブランディング・基本デザインを考える
- 商品選定・資材選定、商品の試作を進める
- テナント探し・内見

ショップコンセプト作り

どのようなお店のスタイルにするのか、どのような客層をターゲットにどのような商品を展開するのか、価格帯はどのあたりを狙うのか、ざっくりと決めていきます。コンセプトによって出店エリアやテナントの探し方が変わってきます。

また、個人で開業する場合は特にですが、何かひとつ**フックとなるような尖ったものが必要**となります。何にこだわるのか、どのような思いでどのような価値を提供したいのか、自分の特徴や長所を中心に組み立てると良いでしょう。

ブランディング・基本デザインを考える

ショップコンセプトを分かりやすく認知してもらうためのブランディングやデザインを考え

ます。

お店の名前やロゴ、イメージカラー、外観や内装などのイメージも考えておきます。また、モデルとなるお店を探して訪問し、写真をたくさん撮っておくとよいでしょう。後で内装の打ち合わせに使うとイメージを共有しやすくて便利です。

ショップコンセプトは、開業後に変更してもOK。実際に開業してみて、お客様の反応を見ながら大なり小なりの調整をしていくことは必須です。

商品選定・資材選定、商品の試作を進める

副業を実践している人であればこのステップは済んでいますが、そうでない人は早めに商品作りに取り掛かりましょう。テナントが決定した後は多忙を極めるので、商品作りに時間をかける暇が無くなります。

サンプルを取り寄せコーヒー豆の選定をしたり、メニューやパッケージ案を煮詰めましょう。

テナント探し・内見

そして、実際にテナント探しを行います。

店舗物件を探した経験が無い人は、**開業の1年前くらいから開始すると理想的**です。狙っている地域の不動産会社を回り、自分の条件を伝えましょう。候補となるテナントが出てきたら、実際に現地に足を運んで現地確認をします。坪単価が高いテナントだからといって、コーヒー店にとって良い物件とは限りません。

多くのテナントをじっくり見ることで、テナントを見る目が養われます。数十件は見るつもりでとりかかりましょう。

開業3カ月前～のスケジュール

▼作業が爆増する多忙な期間

テナントを契約した時点で、開業まで約3カ月。ここから一気に物事が進み、タスクが爆発的に多くなります。

ここから開業までの流れは次の通りです（括弧内のものは必要ない場合があります）。

・融資申し込み
・店内レイアウト作成
・内装打ち合わせ
・（三相200V動力引き込み工事申し込み）
・（焙煎機・エスプレッソマシン手配）
・保健所へ店内レイアウトの確認
・外観・内装完成予想図をテナントオーナーに見せ承認をもらう
・内装工事発注
・（消防署に防火対象物工事開始届け提出）
・機材や設備の手配
・家具類の選定や購入
・HPの開設
・電話やライフラインの開通申し込み
・キャッシュレス決済端末利用申し込み
・配送会社にコレクト利用申し込み
・原材料や資材の手配（購入先の口座開設）
・保健所に営業許可申請
・内装工事開始

これらに必要となる期間は、効率よく進めれば2カ月以内に収まります。

テナント契約した時点で家賃が発生します。そこで、テナントが内定した時点で一気に物事を進めるようにします。交渉が可能であれば、フリーレントといって家賃が発生しない期間を設けてもらいましょう。

意外と時間がかかるのが、内装工事の設計と見積もりが出てくるまでの期間と、内装を発注してから工事開始までの期間です。両方とも、通常2週間程度はかかります。

また、内装工事を正式に発注したとして、すぐに工事が始まるわけではありません。そこから内装業者さんは使う資材を発注したり、職人さんを手配しますので、工事開始までさらに時間がかかるというわけです。

テナント契約～内装工事完了まではには合計7週間は最低でもかかります。実際には、何か問題が起きる度にズルズルと押していきますので、もう少し後倒しになることが多いです。

ポイントは、「**時間がかかるものを事前に把握し、そのようなものは、できる限り早めに手配しておく**」ことです。

- テナント契約前に内装の設計・見積もりを進める
- 契約を締結したらすぐ時間のかかるものを手配する（動力引き込み工事・焙煎機手配・キャッシュレス端末申し込みなど）
- 内装の見積もりと図面が出たら、すぐに保健所・消防署に行って問題がないか確認してもらう

以上を押さえておけば、大きくつまづくことは無いでしょう。また、内装工事が開始されるまでには電気と水道は開通させておきましょう。

開業1カ月前～のスケジュール

▼機材の搬入等体力的にキツい時期

内装工事も開始されると、オープンまで残り期間はごくわずか。タスクが多く焦りますが、慌てずひとつひとつ片付けていきましょう。

- 保健所へ検査の申し込み
- (防火対象物使用開始届け提出)
- 原材料・資材の発注
- プライスカードや印刷物の作成
- 内装工事完了
- 機材・資材などを順次搬入
- 店内の整理整頓
- 商品のディスプレイ作り
- 厨房機材やマシン類の試運転
- 商品の試作
- レジの設定・商品登録
- 電話やネットの開通
- MEO対策

機材類や資材などの搬入が相次ぎ必要になりますが、内装業者さんと相談しながら順次搬入します。水道直結の機材(製氷機など)は要注意。水回りの工事が入る前に搬入することが必要になります。

意外に時間がかかるのがレジスターの設定。今はＰＯＳレジが一般的なので、全商品を登録する必要があり、その作業で時間をとられます。

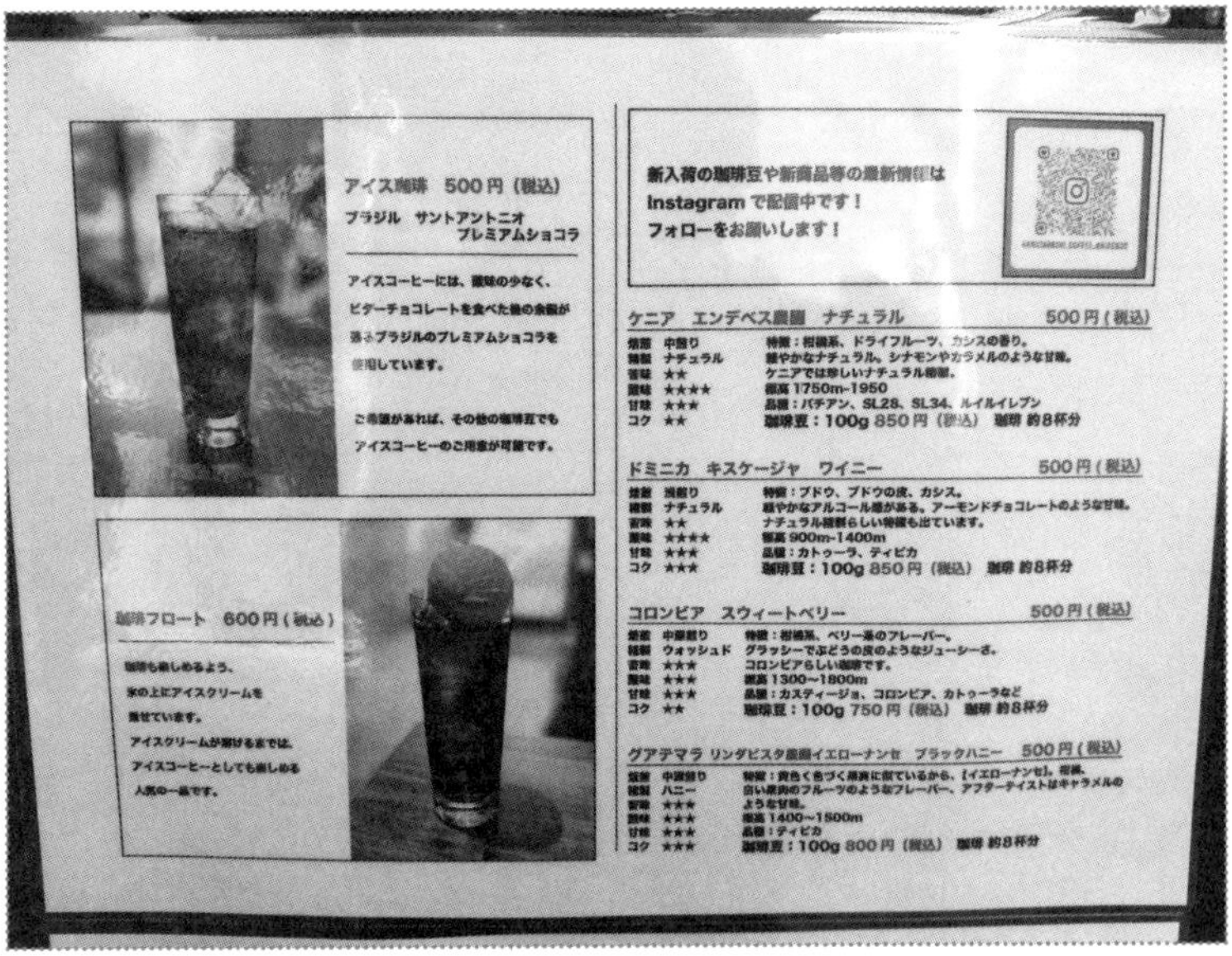

また、保健所へ検査の申し込みを行います。検査担当者のスケジュールが埋まっていることもありますので、早めにスケジュールを確定しておきます。

店内BGMもどうするか決めておきます。有線放送などの業者を利用するとスピーカーなどの工事もやってくれるので楽です。費用をかけたくない場合は自分でスピーカーを用意して、無料BGMアプリなどを使う方法もあります。

MEO対策とは、Google map検索の対策をすることです。Googleマイビジネスに登録し、お店の情報を掲載します。Google map上でお店を探す人が年々増加していますので、重要な対策となります。

開業1週間前～のスケジュール

▼プレオープンで課題を洗い出す

ついに開業日前です。店内を綺麗に飾り付けや、販売する商品の製造、接客の練習など、忙しさは最高潮に達ます。体調だけには気をつけて、無理はしないように注意しましょう。

・保健所の検査
・(消防署の検査)
・商品の製造
・営業許可証取得
・会計処理の練習
・店内オペレーションのトレーニング
・釣り銭の準備
・プレオープン

営業の準備が整った段階で保健所の検査を受けましょう。検査で問題がなければ、2~3日後に営業許可証が交付されます。

防火対象物の建物内のテナントであれば、消防署の検査を受けることも必要です。ですが、これはオープン後でも構いません。

プレオープンはやってもやらなくても構いません。しかし、お店のオペレーションの練習にもなり、課題を洗い出せます。日頃のお世話になっている関係者を招くなどして、やってみることをおすすめします。

忘れがちなのが、釣り銭の準備ですね。レジに毎日いくらの釣り銭を入れておくのか決め、また店内に両替準備金も必要な分を確保してお

きます。

余裕があればお店がオープンすることを近隣に知らせるために、**ポスティングやチラシ配布などをやってみることも有効**です。特にオープニングセールを開催する場合、そのお知らせを盛り込むと効果が高いです。

Welcome to our CAFE

コーヒー店開業に必要な営業許可・届出・資格は？

▼主要な届出は大きく分けて2種類

小さなカフェ開業に必要な許可は、「**飲食店営業許可**」です。そして、必要な届出もひとつあり、「**コーヒー製造・加工業の届出**」です。

飲食店営業許可を取得することによって、コーヒーの焙煎やドリンク類の提供、軽食や焼き菓子類などの多少の調理もできます。また、店内席でのお客さまの飲食も可能になります。

そして「コーヒー製造・加工業の届出」をすることで、店内でコーヒーの焙煎やグラインドなどの加工を伴う販売が可能となります（パッケージされたコーヒー豆を仕入れてそのまま販売するだけであれば、こちらの届出は不要です）。

▼保健所の立ち合いが求められる

「許可」は店舗で実際に保健所の方の立ち会いのもと検査があり、「届出」は書類を提出するだけです。両方ともに、保健所に申請します。

令和3年より、「喫茶店営業許可」の区分が廃止になり、「飲食店営業許可」に統合されました。

店内工事が終了した時点で保健所の方を店内に招き、検査を受けましょう。合格であれば2～3日で許可証が発行され、営業が可能となります。

「コーヒー製造・加工業の届出」を届け出る方法は簡単で、「飲食店営業許可」の申請書に記入欄があり、そちらに記載するだけでOKです。

やや考えにくいことですが、コーヒーなどドリンク類の提供を一切やらず、店内席もなく、純粋にコーヒー豆売りなど物販のみで営業する場合には「飲食店営業許可」は不要です。その場合は「コーヒー製造・加工業の届出」のみで対応可能です。

「飲食店営業許可証」と「コーヒー製造・加工業の届出」には、それぞれ「食品衛生責任者」の資格保持者が１名必要です。ただし、１名いれば兼任できます。

コーヒー店開業に必須な資格と消防署への提出書類

▼「食品衛生責任者」と「防火管理者」

コーヒー店開業時に必要な「**食品衛生責任者**」の資格は、各都道府県の食品衛生協会が開催する講習を、1日だけ受ければ誰でも取得できる簡単なものです。取得費用は自治体によって異なりますが、大体1万円程度です。受講する人が多く、予約がすぐに埋まってしまう傾向があります。

開業後に取得しても一応ＯＫではあります。その場合は「必ず資格を取得します」という誓約書を保健所に提出することになります。

防火管理者は、テナントとして入居する建物が「防火対象物」であれば必要となります。「防火対象物」とはざっくり乱暴に言うと、常時50人以上が出入りするような規模の建物のことです。

そのような建物内に出店する場合、最寄りの消防署へ「防火管理者の選任」が必要となります。

各消防庁が講習会を開催しており、「防火・防災管理新規講習」という２日間の講習を受講します。受講すれば誰でも取得可能な資格です。

テナントが決まったら、その建物が防火対象物かどうか最寄りの消防署に聞いてみましょう。

▼消防署への提出書類は２種類

最後に、消防署への対応です。テナントとして入居する建物が「防火対象物」の場合に最寄りの消防署に届け出る書類が２つあります。

・防火対象物工事開始届け
・防火対象物使用開始届け

「工事開始届け」は、内装工事に入る７日前までに届出ます。その名の通り、防火対象物内で工事をします、という届け出です。

「使用開始届け」は、営業開始７日前までに届出ます。こちらもその名の通り、防火対象物内でお店の営業を開始します、という届け出です。

特に問題となりがちなポイントは、焙煎機の設置に関してです。特にダクトと呼ばれる排気を通す管の設置に関しては細かく指摘されます。

防火対象物ではない建物であっても、地域によっては細かくチェックされるケースもあります。必ず、内装工事前に工事開始届けとともに店内のレイアウト図を持参して消防署に訪問し、消防法に照らし合わせても問題ないか、確認をとりましょう。

▼「火事」こそが最大のリスク

自家焙煎コーヒー店最大のリスクは「火事」です。焙煎機は簡単な仕組みのマシンが多く、防火対策の装置が付いていないマシンがほとんどです。焙煎時に排出されるチャフは引火しやすく、実際にボヤ騒ぎを起こす焙煎店は多いです。不幸な事故を防ぐためにも、消防署の指導を積極的に受けて、適切な予防措置をとっておきましょう。

防火対象物使用開始届けを提出すると、後日に担当の消防士さんが検査に来店されます。

おわりに

以前YouTubeの宣伝で「好きなことで、生きていく」というキャッチコピーが使われていました。しかし私は、「そんなことができる人は自分とは全く別の人種」くらいに思っていました。

それでも、「自分の好きなことで生きていける人」に対しての憧れは捨てきれず、本を読んだり、コーヒーのワークショップに参加したり、成功しているコーヒーチェーンで働いてみたり……。しかし、どんなに勉強しても、どんなに修行を積んでも、個人でコーヒーで稼げる未来がリアルに思えないままでした。

結局、リスクを取れなかった私は、しかし運良く会社内の新事業としてコーヒー店を立ち上げることになりました。そして、すぐに色々と勘違いしていたことに気付かされました。まず、コーヒーの知識や技術、経験に関しては、心配無用でした。お客様の99%はライトにコーヒーが好きな層であるため、深い知識は不要でした。良い豆を仕入れることができれば、技術の無い私にも美味しいコーヒーを作ることができました。

しかし、集客や売上づくりに関しては、最初から苦戦続きでした。こだわり抜いたコーヒー豆を販売する豆売り中心の店でしたが、コーヒー豆は最初はほとんど売れませんでした。今までの修行や勉強も、たいして役に立ってはくれません。「お店を回す」という運営するスキルは培うことができていましたが、売上づくりに対しては無力でした。

しかし、そこから時間をかけて試行錯誤を重ねていくと、お店の調子も上向き、結果として2年後には繁盛店にすることができました。結局、売上づくりに必要だったのは、コーヒーの技術や経験ではなく、「コーヒー店としてのマーケティング力」という商売の基礎的な筋力でした。

私は、店を繁盛店にするに必要なマーケティング力を獲得するのに、約2年かかりました。でも実は、お店を軌道に乗せるくらいの集客力は、開業前に事前に鍛えることができます。コーヒーで稼ぐことを実践できる選択肢が、今はたくさん用意されているからです。それを副業で開業前に取り組んでしまえば、安全に、リスクなく、自分のペースでマーケティング力を鍛えることができます。

できれば2年間。それだけの期間、適切なチャレンジをして、必要な成功体験を積む。そうすれば自分のお店を成功させる力を十分に身につけることができます。たったの2年で、コーヒーショップを開業するにしろ、副業のまま気楽にコーヒーで稼ぐにしろ、自分の理想のライフスタイル実現のチケットを手に入れることができます。

この本を読んでくださった方の一歩を後押しして、壁にぶつかった時には支えになる本になることができれば、とても嬉しく思います。最後まで読んだいただきまして、ありがとうございました。

2023年2月

市川ヒロトモ

市川ヒロトモ（いちかわ・ひろとも）
大手コーヒー専門店チェーンにて勤務の後、都内で自家焙煎コーヒー店を4店舗立ち上げる。2024年に、東京・小岩に新店舗・御豆屋をオープン。現在はプチFIRE生活を送りつつ、カフェ開業コンサルタントとして、カフェの開業や経営についてブログやYouTubeで発信。Amazon Kindleで発表したカフェ開業本は自費出版ながら累計1000冊販売。自身で運営するブログのアクセス数は、月間約10万PV。

◯ブログ：アフロブログ（https://afroaster.com）
◯ note：カフェ開業お役立ち note（https://note.com/indigocafe）
◯ X：@icchicoffee（https://x.com/icchicoffee）
◯ Instagram：アフロ＠焙煎屋（https://www.instagram.com/afro_coffee）
◯ YouTube：アフロの焙煎屋チャンネル
（https://www.youtube.com/channel/ UC0Ye7kwxEYJj1lP-9NpkKOg）

ダブルワークからはじめる　カフェ・コーヒーショップのつくり方《かた》

2023年3月2日　初版発行
2024年10月23日　6刷発行

著　者　市川ヒロトモ
発行者　和田智明
発行所　株式会社　ぱる出版

〒160-0011　東京都新宿区若葉1-9-16
03（3353）2835－代表　03（3353）2826－FAX
03（3353）3679－編集
振替　東京　00100-3-131586
印刷・製本　中央精版印刷（株）

ISBN978-4-8272-1382-9　C0034